伝説のAV女優

黄金時代を築いた女神たち

寺井広樹
text by Hiroki Terai

彩図社

はじめに

「伝説のＡＶ女優と言えば？」

そう問われたら、誰が思い浮かぶだろうか。

桜樹ルイ、小林ひとみ、竹下ゆかり、あいだもも、愛染恭子、浅倉舞ら往年のスター。１９９０年代に人気を博したお色気バラエティ番組『ギルガメッシュないと』でブレイクした城麻美、憂木瞳、葉山レイコなど、それぞれ思い入れのある女神のような存在がいたのではないだろうか。

私にも中学、高校、大学と、その時代時代に女神がいた。当時のヒット曲を聞くとその頃の心境や思い出が一気に蘇ることがあるが、それと同様にその時々で観たＡＶ作品とその時に自分が何をしていたかは今でもセットで思い出せる。

たとえば26年前、祖父が亡くなった日に、女神の如く夕樹舞子さんのビデオに慰めてもらったこともハッキリ憶えている。毎年、祖父の命日がくるたびに夕樹さんのことを思い出す。それくらい心身の成長や思い出とリンクして記憶されている。レジェンドＡＶ女優は、私にとってはまさに神格化された存在だ。バカリズムさんが「ＡＶを観た本数は経験人数に入れてもいい」という歌を作っていたが、一方的な性欲の処理だけではない特別な関係を女神たちと築いていたのだと勝手に思っている。

あの頃、AVは特別な存在であると同時に、日常に当たり前のように存在していた。

中学三年生の時、飯島愛の裏ビデオが同級生から回ってきたり、サンテレビ『おとなのえほん』でAVが普通に放送されていた時代を経験できたことは今となっては貴重な体験である。親が寝静まった頃に匍匐前進《ほふくぜんしん》でリビングに忍び込み、深夜番組をこっそり視聴していたあの頃が懐かしい。ゴールデンタイムの『志村けんのバカ殿様』で当たり前に見ていた乳首も、コンプライアンスがうるさくなった今となっては地上波で拝むことはできなくなった。テレビが面白くなくなったと言われるのも仕方がない。

あの時代、AVにまつわる伝説的な話をたくさん耳にした。

村上麗奈は当時のブルネイ皇太子が来日した際に、数百万円の対価で夜の接待に指名されたと週刊誌で告白して話題となった。白石ひとみは出演料が1本1000万円、単体女優歴代最高額のギャラを手にしたと言われている。村西とおる監督はAVが1本1万円以上する時代にヒット作を連発し、年収が100億円を超えたという。まさにバブリーで華やかな時代だった。AV全盛期の女優たちのギャラ事情とその使い道も気になるところだ。

また、当時は疑似行為がほとんどで本番をする女優はわずかだったと聞く。モザイクを入れて本番はしていない、売春ではないことをアピールしていた時代だ。男性器代わりにソーセージを使いモザイクを掛けていたこともあるという話は本当だろうか。いつ頃から本番に切り替わっていったのだろう。当時のＡＶ業界の実態に興味は尽きない。

いつしか記録メディアはベータマックスからＶＨＳ、ＤＶＤ、そしてインターネット配信へと移行し、『ビデオボーイ』、『デラべっぴん』などのエロ本文化はすっかり過去の遺産となってしまった。今の時代はお金を払ってＡＶを観る人は全体の2割にまで激減しているとまで言われており、レジェンドが生まれにくい世の中になってきている。新たなレジェンドが誕生する機会を逸してしまうのは自分の人生にとっても大きな損失であり、ＡＶ業界を衰退させないためにも私は少しでも気になった作品は購入するようにしている。

昔と今、圧倒的な違いはネット社会か否かだろう。ＡＶ女優になる新たなリスクも生まれた。自分の作品がネットに半永久的に残るとはあの頃は夢にも思わなかったと思う。

引退後、結婚したり子どもが生まれたりと自身を取り巻く環境の変化からか、過去を消すべく配信停止の手続きをする女優もいる。その一方で、昔のように高額なギャラが出ないうえ、ネットに動画が残るリスクがありながら、それでも自らＡＶ女優を志願する人たちも大勢いる。恵比寿マスカッツが先駆けとなってＡＶ女優がアイドル視されるようになり、今やなりたくてもなれない憧れの職業にもなりつつあるのもまた事実である。このような現象は旧来のレジェンド女優たちの目にはどう映っているのだろう。

ＡＶ黄金期を駆け抜けて一世を風靡した女優は引退した後、どのような人生を送っているのだろうか。知名度があるだけに顔バレなども当然あるだろう。トップ女優のキャリアを生かしてどんな仕事に就くことができたのか。セカンドキャリアの問題などについても伝説の女優たちにインタビューしたいと思う。

あの頃にお世話になった女神たちにお礼を言いに行く旅の始まりである。女神たちとは初対面になるわけだが、お会いした際には色んな意味を込めて、恒例のあの挨拶で始めたいと思う。

「お世話になっております」

本書を手に取ってくださったみなさまも、あの頃を懐かしんでいただけると嬉しいです。

伝説のAV女優～目次～

【伝説の女優2】サザンオールスターズ『女神達への情歌』のMVでヒロインを務めて話題に

松本まりな

【伝説の女優5】いまなお現役で活躍を続ける90年代を代表するAV女優

瞳リョウ

【伝説の女優1】

総売り上げ枚数は、100万枚超!
アダルト作品を世界で初めてDVDでリリース!

小室友里

——*Yuri Komuro*

１９９６年1月に『新・官能姫　第2章』（ティファニー）でＡＶデビューを果たし、ＡＶアイドル路線を歩みながらも、本番やハードなプレイ、愛嬌とその美貌でトップ女優の座に君臨した小室友里さん。

作品の評価も高く、『聖☆痴女』は『ビデオ・ザ・ワールド』※誌の98年度下半期ベスト10で最優秀作品賞に輝く。総売り上げ枚数は１００万枚以上、アダルト作品をＤＶＤとして世界で初めてリリースするという快挙も成し遂げた。99年9月の引退後はマルチタレントとして活動し、現在は男女コミュニケーション専門家として第一線で活躍を続けている。黄金期を駆け抜けた小室さんにＡＶ女優のセカンドキャリアについても伺った。

子どもの頃は学級委員長で優等生、付いたあだ名は「塾通い大魔王」

――ビデオ全盛期の当時、どこのレンタルビデオ店に行っても、小室さんの作品が貸し出し中で、借りるのに一苦労でした。

「なかなか借りられなかったと初対面の人によく怒られます（笑）」

――作品の総売り上げ１００万枚以上。ＤＶＤのアダルト作品を世界で最初に発売したと

※『ビデオ・ザ・ワールド』
１９８３年に白夜書房が発刊したＡＶ専門の本格的な批評誌。２０１３年6月号をもって休刊となったが、連載中の企画に「あと二回」といった表記が存在したことなどから、急遽休刊が決定したと推測されている。休刊にあたってカンパニー松尾は「ワールドが一つの指針であり、ワールドに評価されたくて撮ってた時期もあった」とTwitterでコメントするなど、業界関係者からもその批評性を評価する人が多い。

小室友里（こむろ・ゆり）
高校卒業後にツアーコンダクターを目指して専門学校に進学。18 歳でスカウトされ、グラビアアイドルとして芸能界入り。1996 年 1 月『新・官能姫　第 2 章』（ティファニー）で AV デビュー。その愛らしいルックスと豊満なボディで、長年、トップ女優の座に君臨した。1999 年には AV 界でいち早く DVD 作品を発売。99 年に引退後は、男女の性の問題を解消する男女コミュニケーション専門家として活動している。

いう快挙。小室さんのＤＶＤ観たさでデッキを購入する人がたくさんいて、ＤＶＤデッキの普及に貢献されましたね。

「**『洗濯屋ケンちゃん』**※のＤＶＤ版ですね（笑）」

――幼少期の頃からお話を伺いたいんですが、家族構成から教えていただけますか。

「父、母、３歳年上の兄ですね。兄とはすごく仲が良くて、彼女さんとダブルデートするくらい（笑）。父は瓦職人でした。子どもの頃の父のイメージって働いてる姿しかないんですね。晴れた日は屋根に上ってて、日曜日とか全然関係なくて。お兄ちゃんとお母さんと私と３人で、**ドリームランド**※に行ったとき、何か寂しかったのを覚えています」

――小室さんご自身は、どんなお子さんだったのですか。

「目立ちたがり屋で、小学校の時は学級委員長とかやってクラスの中心にいるような子でした。６年間ずっと塾に通ってて、小学校時代は〝塾通い大魔王〟と呼ばれてましたね（笑）。１週間のうち６日間も習い事をしていたので」

――６日間は凄いですね。

「六年生の時は、月曜に習字、火曜に学習塾、水曜に英会話、木曜に塾、金曜に習字に行って、土曜は百人一首、日曜に柔道」

――毎日じゃないですか（笑）。

※**『洗濯屋ケンちゃん』**
ＶＨＳビデオを流行らせたとされる伝説の裏ビデオ。監督を務めた藤井智憲さんのインタビューは１９５ページ。

※**ドリームランド**
横浜市戸塚区にあった「横浜ドリームランド」のこと。興行師の松尾國三が「日本のディズニーランドを作る」として２００億円の大金を投じて１９６４年に開業した（東京ディズニーランドの開業は１９８３年）。１３０万㎡を超える広大な敷地、西洋風の宮廷庭園や子ども園などユニークな遊園地だったがアクセスが致命的に悪く、経営状況は年々悪化。敷地を切り売り

「学校の先生からどれか一つ辞めろって怒られました。『ちょっとは遊べよ、お前』って言われて（笑）」

――初めての彼氏ができたのはいつでしょうか。

「高校時代に初めての彼氏ができました。中学のときに同じ陸上部に入ってた男の子で、私が400メートル、彼はハイジャンプでしたね。中学の時はほとんど交流がなかったんですが、顔がストライクゾーンど真ん中で、私のほうから付き合ってほしいと……」

――初体験もその方ですか。

「はい。高校2年生の夏、もう絶対この人だ！　って。結婚するんだとか思い込んでいました。それで、初めてキスをしたときに『あなたにだったら全部あげてもいい』と言ったらすごく怒られちゃって。『そんなことお前に言って欲しくなかった』って。SEXを口に出すような子でいて欲しくなかったんじゃないかな」

――ピュアなラブストーリーですね。

「お付き合いして、半年でキスをして、そこからプラス1年かけて初体験かな。だから初体験を済ませるまでに1年半かかってるんですよね。私の家でゲームしていた時に、いい雰囲気になって、ゴム買いに行かなくっちゃって2人で薬局行ったんです。そしたら2人で一生懸命ゴムを買いにきたのがバカみたいで何だか可笑しくて。結局、その日はしなく

するなどして営業を続けたが、2002年に惜しまれつつ閉園した。

て、１か月後くらいだったかな。もうめっちゃ痛かったですね（笑）。彼は多分ＡＶとか観てたと思うんだけど、私はまだちゃんと観たことがなかったし、本当に情報がまったくない中での体験だったので。相手に委ねながらって感じでしたね」

エキストラ事務所からスカウト、１年で稼いだ額は１８００円

——高校卒業後は何をされていたのですか。

「ツアーコンダクターになりたくて旅行系の専門学校に通いました」

——ＡＶの世界に入ったのはスカウトがきっかけですか。

「専門学校入ってすぐの頃に渋谷で大手のエキストラ事務所にスカウトされたんです。目立ちたい性格だったので『やった！　明日から私も芸能人だ！』って喜んでいたら、登録料や写真代が掛かるって言われて。それでモノクロ写真を撮って６万円払って」

——６万円！

「カラーになると８万円って言われて。今思えばモノクロ写真なんてプロフィール写真として価値がないですよね。今ならタレントの卵を相手にした登録ビジネスだって分かるん

ですけども、当時はそれが分からなかったんですよね。一応、仕事も回ってきたし」

――どんな仕事だったんですか？

「古舘伊知郎さんの『オシャレ30・30』※っていう番組の雛壇に座る仕事です。2回出演しました」

――失礼ですが、そのときのギャラって？

「源泉などを引いて、1800円。2本分を1日で撮ったかな」

――小室さんでもそんな感じなんですね。

「いやいや、今だからこそ、他の方とオーラが違うとか言っていただけますけど、18、19歳の頃なんて、その辺のただのお姉ちゃんですから。ちょっと他の子より可愛いよね、くらいのレベルですよ、本当に。自分でも何にもできなかったなって思いますもん」

――最近はよくタレント事務所のレッスン料で何十万円も取られると聞きますから、登録料6万円はむしろ良心的なんですかね。

「金額は別として、私は芸能界でちゃんとやりたいんなら、レッスンは必要だと思います。土台0では無理ですよね。『イチナナ』※なんかもそうだと思うんですけど、カメラの前に立つ人間のマインドセットは必要だと思います。ただ、それを何十万円もかけてやったから売れるっていうのは、イコールではないので。土台を40万円、50万円かけて作るのか、

※「オシャレ30・30」
1987年から94年まで日本テレビ系列で放送されたトークバラエティ番組。「30代のための30分のトーク番組」をコンセプトにしており、番組開始時は当時30代中盤だった古舘伊知郎と阿川泰子が司会を担当した。放送当時に話題となっていた30代の有名人をゲストに迎えるという内容で、第133回は俳優の故・松田優作の最後のテレビ出演番組となった。

※イチナナ
台湾の企業が運営するライブ配信アプリ「17LIVE」の略称。「ライバー」と呼ばれるユーザーが自身の姿を配信するというもので、多くの著名人も愛用。現在では若年層の流行ツールのひとつになっている。

またはすぐに現場に出ちゃうのかの違いですよね。ＡＶって、言ってみたら現場に早く出て土台を作るっていうやり方だったのかなって」

――1年そのプロダクションに所属をして、その後どうされたのですか。

「池袋を歩いてたら、テレビ埼玉の『艶々ナイト』※という深夜番組のゲームコーナーに出演してくれる子を探しているってスカウトマンから声をかけられて」

――どんなゲームですか。

「地下鉄の通気口の上に立つと、ぶわっと空気が吹き上がるじゃないですか。『七年目の浮気』のマリリン・モンローみたいにスカートが吹き上がってパンツが見えるみたいな……、そんなゲームのモデルを探していると。それで事務所に行ったんですけど、社長が不在でまた別の事務所にスカウトマンが連れていこうとするので、怖くてその日は逃げました（笑）」

――当時はお色気深夜番組も全盛でしたよね。タレント志望だったのですか。

「もともとは酒井法子さんに憧れてアイドルになりたかったんです。ショートボブなんかも真似したりして」

――芸名はもしかして小室哲哉さんに由来されていますか。

「ご名答です。言うたびに恐れ多いと思うんですけど（笑）。ＴＭネットワークのガチファ

※『艶々（つやつや）ナイト』
１９９０年代にテレビ埼玉で放送されていた、お色気深夜番組。司会はガダルカナルタカ。視聴者が出演女性のおっぱいを直揉みするなど、過激な内容で人気を博す。千葉や東海地方の一部でも視聴できた。

日本のアダルトビデオ業界で一つの時代をつくった小室友里さん。
柔らかな物腰、あたたかい語り口。スターのオーラが出ていました。

ンで、当時はライブじゃなくてコンサートって言ってたんですけど、綾瀬から千葉、埼玉まで遠征してましたね。高校生が追っかけるってなかなかの資金力がいるんですけど、バイト代を全部つぎ込むみたいな感じで」

――それは小室さんご本人もご存じなんですか？

「知らないでしょうね（笑）。でも、木根尚登さんは知っている。Facebookで申請がきたんですよ。ご本人じゃなくて、スタッフさんかもしれないけど。『ＴＭの曲で何好き？』って聞かれたら、『LOOKING AT YOU』って必ず答えます。木根さん作曲の超名曲です」

――木根さんも小室さんの作品をご覧になられていたかもしれないですね。

「恐れ多い（笑）」

――先程のお話ですが、スカウトマンさんから事務所に連れていかれて、そのとき社長が不在だったんですよね。

「そうです。でもエキストラでこのままくすぶっていても仕方ないし、１週間後にその事務所を訪ねたんです。そしたら**社長の鈴木さん**※という男性がいて詳しく話を聞かせてくれて。ＡＶの話をされたんです。その時は脱ぐなんて絶対にいやです！　とお断りしました」

――ＡＶを観たことがなかったのですか。

「観たのって、たぶん１、２本なんですよね。彼氏と泊まりに行って、彼氏が寝ちゃって、

※社長の鈴木さん
老舗キャスティングオフィス「ＳＭＡＳＨ」の鈴木義明社長のこと。ミュージシャンの氏神一番や女優の矢部美穂など、多数のモデルやタレントをキャスティングした実績を持つ。

※桜樹ルイ
１９９０年代前半を代表するＡＶ女優。作品の売り上げが圧倒的だったことから「ＡＶクイーン」の異名が冠された。80年代後半にグラビアアイドルや端役女優として活動した後に90年にＡＶ女優に転身。知名度が上昇するに伴いドラマやバラエティ番組に多数出演するようになる。１９９２年には元々の趣味であった音楽活動を開始。「CHERRY LOUIE」というロックバンドを結成してＣＤをリリースした。

たまたまつけたらAVやってたみたいな。**桜樹ルイ**※さんと**チョコボール向井**※さんが絡んでるのを観た記憶が。AVを断ったら、水着やセミヌードのお仕事もあるんだよっていう風に社長から言われて、まあそれだったらいいかなって」

――ちょいエログラビアですね。

「『URECCO』とか、『すっぴん』、『Beppin School』とか、あのへんですね。あとは『**お菓子系雑誌**※』ってやつですね」

――グラビアはどれぐらいの期間されていたんですか。

「脱ぎなしは3か月でした。言ってみれば、アイドリング状態ですよね。それで、手渡しでギャラをいただいて封筒の中を覗いたら2万円入っててびっくりして。その頃、モスバーガーの深夜と、セブンイレブンの早朝のバイトをやってましたが、こんなに貰えるのかって（笑）」

――『URECCO』や『すっぴん』に登場して反響はいかがでしたか。

「ファンレターだけではなく高級ブランドバッグとか、デジタル腕時計とかもいっぱい届いてびっくりしました。時代の流れもあると思うんですよ。AV業界って、経済の波が、一般社会の2年、3年遅れてやってくるって言われてたんです。デビュー当時ってバブルがギリギリ残ってたんですよ」

※チョコボール向井
1990年デビュー。AV男優としてトップクラスの知名度を誇り、6000本以上の作品に出演。芸名の由来は自身の陰嚢が黒ずんでいたことから。筋骨隆々の肉体の持ち主で、プロレスラーとしても活動。2021年現在は幡ヶ谷でバーを経営している。

※お菓子系雑誌
ロリータ系グラビアアイドル雑誌の総称。由来は「ホイップ」「ワッフル」など菓子類の名前が雑誌に使用されていたため。掲載されたグラビアは、ノンヌードではあるがセーラー服や体操服、スクール水着などフェチシズムを強調したものが多く、コンプライアンス意識が高まった現在、お菓子系雑誌のほぼ全てが休刊となっている。

セブ島に行きたくてヌード解禁、それがキャスティング担当者の目に留まる

――海外での撮影とかもありましたか。

「セブ島に行きたくて、ヌードグラビアをやったんです。初海外です。高橋生健さんっていうカメラマンさんの『セブ物語』※だったかな。〝初脱ぎ美女〟みたいなカテゴリーで作品集の中の一人のモデルっていう立ち位置で」

――脱いだことで殻が破れたみたいなことありました？

「自分の中でハードルはうんと下がりましたよね。やっぱりあの子が脱いだっていうので引き合いが強くなったから、『Bejean』※で巻頭やってくださいとか、『週プレ』からお声がかかったりとか。カメラマンさんもグレードアップして、加納典明さんやアラーキーさんともご一緒させていただきました」

――当時、彼氏さんにはお仕事の話はされたんですか。

「交際４年目だったんですが、彼にグラビアの話をしたら『俺以外のやつに裸を見せて欲しくない』って。私も撮影で海外に行ってみたいというのが動機だったので、これでやめ

※『セブ物語』
1993年にカメラマンの高橋生建が発表した写真集。「南海の美島に恥じらいが灼ける5人の美少女」をコンセプトにした作品で、フィリピン・セブ島を舞台に5人の女性タレントの初ヌードグラビアが掲載された。エロスよりも女性の肉体美を強調した内容が好評となり、シリーズ化された。

※『Bejean』
1990年に英知出版が刊行した男性向け月刊誌。今までメディアに露出していなかった女性がヌードグラビアを披露する「初写美人」を名物企画としていた。グラビアアイドルがブレイクするための登竜門のような意味合いを担っていたが、インターネットの普及など

るよみたいな話を彼にしたんですけど」

――事務所としては、これから人気が出てくるというときに辞めて欲しくないですよね。

「AVの話がきたのは、そのあとですね。※h.m.pさんのキャスティング担当の方が『週プレ』のグラビアを見て下さったんです。でも最初はやっぱりAVのお仕事のイメージがつかめなくて、怖くなって一度セッティングしてもらった面接をバラしてもらいました」

AVに3本出演後、一般企業に就職するも超ブラック企業

――鈴木社長からは何かアドバイスはありましたか。

「3本だけ出演して、お金貯めて自立するなり他の仕事するなりすればいいんじゃないって言われて。彼氏には内緒でこっそりデビューしました」

――なるほど。最初のAVのギャラってどんな感じだったんでしょうか。

「私がいただいたのは1本100万円です。事務所に入ってくるのは1本あたり300万円と聞いていています。鈴木社長は嘘を言う方ではないので間違いないと思います」

――3本で300万円ですね。その頃はご実家にいらっしゃったのですか。

を要因に2014年に休刊した。

※h.m.p
1981年に創業したAV販売メーカー。六本木に所在したSMクラブを経営母体とする。当初はSMものを大量に発表していたが、80年代中盤以降は優れた手腕を持つ監督を招いて王道路線にシフト。現在はAVメーカーの最大手・芳友グループの中核企業で、毎年多数の作品をリリースしている。

「もう実家を出てアパートを借りていました。それで3本やった後、一度就職したんです」

――一般企業に就職されたのですか？

「新聞の求人広告を見て、新宿の総合レジャーの会員権の販売会社に就職しました。ここが今でいう超ブラック企業で（笑）。ＤＭ送って反応があったら1回ショールームにきませんかって色仕掛けをする悪徳商法。ある時、先輩の女子社員が契約を渋られた腹いせにお客さんを『あんたなんか死んでしまえ！』『生きてる価値ない！』って罵倒しているのを見てしまって。そういう勧誘に乗っちゃう人って寂しい人が多いんですよね。その人もお母さんが亡くなって、守るものはお母さんの位碑だけって人でした。私、こんな仕事しかできないのかなって何か情けなくなっちゃったんです。その点、ＡＶは違ってましたから。私がいないと始まらない。小室友里ありきで回っていたので」

――その後、ＡＶの事務所に小室さんから復帰の連絡をされたのですか。

「はい。鈴木社長は引退するってことは周りに公表してなかったみたいで。メーカーさんにはちょっと休業中と言ってあるからって。籍はそのまま残されてました」

――彼氏さんとは続いていたのですか。

「彼が貴金属系の専門学校に通ってたんですけど、材料費とか機材費にお金かかるから貸して欲しいと言われて、頼まれるまま貸してたら100万円近くになってしまって。ＡＶ

※平野勝之
1964年生まれのＡＶ監督、映画監督。ドキュメンタリータッチの作品を得意とするが、エロスの要素が少ないという批評も存在する。2011年に手がけた『監督失格』は、恋人であったＡＶ女優・林由美香の死の衝撃から立ち直るまでの自身を描写した作品で、プロデューサーは庵野秀明が担当した。

の仕事が楽しいからあんまり気にしてなかったけど、このままでは彼のためにもならないなと。いつの間にか距離ができてしまって。結局、別れてお金も返ってこないまま」

——その頃の色恋沙汰を**平野勝之**※監督の『ザ 連続淫行』で拝見しました（笑）。

「あの作品で描かれていることはリアルです（笑）。だからね、女優としては失格なんですよ。女優って、演技をするから女として優れているわけで、そこにリアルを持ち込む必要は何もないわけですよね」

——実際に**加藤鷹**※さんとお付き合いされていたのですか。

「両者あまり言わないですけどね、その辺は……。なんかそんなこともあったっけみたいな（笑）」

——AV男優さんとAV女優さんが交際するっていうのは、業界ではNGではなかったのですか。

「NGです（笑）。でも実際は多かったですね」

——**平本一穂**※さんとも交際されてたんですよね。作品を観てると、平本さん、小室さんのこと大好きなんだなっていう。深い愛情が伝わってくるんですよね。観てる私からしてみたら複雑ですけどね。

「複雑ですよね、そりゃ複雑だわ（笑）」

※**加藤鷹**
1959年生まれのAV男優。テレビカメラマンを志して上京した1988年にAV製作会社に就職。当初は助監督を担当していたが、人当たりの良さを買われて男優に転身。これまでに1万5000本以上の作品に出演したとされる。2000年代以降は地上波のテレビ番組に多数出演。AV男優という職業を世間に認知させた功労者である。

※**平本一穂**
1965年生まれのAV男優。俳優志望だったが、アルバイト先でスカウトされてデビュー。これまでに数多くの作品に出演しており、最盛期の年収は2000万円以上に達したとも。男優業を引退した現在は、AV販売メーカーやカラオケパブを経営している。

――『**聖☆痴女**』※という作品。個人的には、三本の指に入るくらい大好きな作品なんです。

「あれはほんと大変でしたよ。平野さん、ほんと人の心にズカズカ入ってくるんですよ。それだけに、自分自身がやっぱりリアルな反応してるんですよね。だから、〝人間・小室友里〟がしっかり描かれている。作品としてはそりゃ面白いよって、自分でも認めます」

――平本さんと加藤さんの間に揺れる、ピュアな乙女心がめちゃくちゃ愛おしいんです。『あいのり』のリアル版というか、恋愛観察バラエティの先駆けという感じですね。

「確かに、あれをＡＶ業界で、かつ単体女優さんで描けたっていうのは、私が初かもしれない。しかもその時代のトップの人間がやったっていうところで、問屋さんからも高評価をいただきました」

――『ビデオ・ザ・ワールド』誌の98年度下半期ベスト10で最優秀作品賞、そして『**ビデオメイトＤＸ**』※人気投票13か月連続トップに輝きました。すごいです。

「あの作品、私、３回見直したんです。私、どの作品も１回は自分のフィードバックとして観てたんですが、２回以上観たのって初めてだったんですよ。１回目は本当に、はらわた煮えくり返って。なんだろうこのモヤモヤ感って思って、もう１回観たんです。で、３回観て、初めて分かったのが、これは〝女優・小室友里〟ではなく、〝人間・小室友里〟だって。映されている〝人間・小室友里〟がすごく愛おしく感じたっていうのは、初めての経

※**「聖☆痴女」**
１９９８年発売。内容は作品内で痴女を演じる予定だった小室さんが変態男性グループを相手にしたことで、徹底的に凌辱されるというメタフィクション的な構成。男性を手玉にとっているイメージがあるＡＶ女優が逆に弄ばれるという特異なシチュエーションが話題となり、別のＡＶ女優で続編も制作された。

※**「ビデオメイトＤＸ」**
少年出版社が発行していたＡＶ情報誌。『ビデオ・ザ・ワールド』と並ぶ影響力を持ち、同誌で発表されるＡＶ女優の人気投票によって作品の売り上げが大きく左右された。理由は不明だが、公園や路上に投げ捨てられることが多く、アダルト本が購入できない男子中学生が拾って読むのがお約束であった。

伝説的な作品『聖☆痴女』について語る小室友里さん。
3度見直した、初めての作品だったという。

験でしたね」

――これはやっぱり平野監督の手腕によるところも大きいでしょうか。

「そうですね。平野監督も、平野勝之そのまんまでぶつかってくる人だから、自分が傷ついても痛い目に遭っても、作品を撮るって目標に向かって猪突猛進で進んでいかれる方なので、それに対して女優が応えていくっていう。それが阿吽の呼吸でできると、それこそ平野監督と**林由美香**※さんのような関係になっていくんだろうなあって」

――ＡＶ界の頂点の人たちが集まってる作品だから格別ですね。当時って、疑似が多かったんですか？

「私は本番でした。疑似っていう言葉すら知らなくて（笑）。時代的にはちょうど、疑似と本番の両方がいる世代で、多分、単体女優で本番やってる人は１割か２割だったんじゃないかな。ちょうど移行期」

――本番をしてた人としてなかった人の違いってあるんですかね。

「あると思いますよ。女優さんにとって最後の壁というか、自分を守るものだと。それは、本番してないっていうのもそうだし、モザイクもそうだと思います。モザイクがあるからこそ、自分の心が守られてる。私はそこまで全部見せてないみたいなことですよね」

――当時モザイクも大きかったですよね。

※林由美香
１９８９年デビュー。両親に出演が知られたことで一度引退したが、92年に復帰。97年に発売された『東京～礼文島41日間ツーリングドキュメント　わくわく不倫旅行　２００発もやっちゃった！』は、当時既婚であったＡＶ監督の平野勝之との不倫旅行を撮影したもので、後年に２人は正式に交際することになる。２００５年６月に自宅で死亡している姿が発見された。

「モザイクが大きいから、魚肉ソーセージをADさんが一生懸命削って、おちんちんみたいにしてたこともありました（笑）」

本物の痴漢集団が顔出し出演 コンプライアンスもへったくれもない時代

――魚肉ソーセージの噂は本当だったのですね（笑）。そういえば『聖☆痴女』の冒頭部分、本物の痴漢が顔出しで登場……。

「今じゃ絶対できないですよね、あんなの」

――コンプラもくそもないですね（笑）。当時（1998年）は、ネット普及率がまだ1割ほどで、パソコン通信からISDNを介したインターネットへと移行していった時代。ネット黎明期にガチの痴漢が集まるサイトを作って、出演者を集めていたみたいですね。

「そう、そう。痴漢のプロの人たちが集まる裏サイトみたいなところに、**高槻彰**※監督が乗り込んでいって、『小室友里の作品に出ない？』って。もう無茶苦茶ですよね（笑）」

――プロの痴漢集団、5人全員顔出しでメンバーが濃かったですね。「痴漢歴10年で婦女暴行2件やってます」なんて鼻息を荒くしていた男性が、小室さんを前にすると意外と大

※**高槻彰（たかつき・あきら）**
日本の映画監督。中央大学卒業後に日活に入社しポルノ映画の撮影を担当する。1988年にはAV制作会社シネマユニットガスを設立。巨乳ものや緊縛ものを多数手がけた。2014年には同業者である村西とおるを追ったドキュメンタリー作品『ナイスですね 村西とおる』を監督。「第1回・新人監督映画祭」の特別招聘作品に選ばれた。

人しくて（笑）。その人、撮影で欲求不満になったのか「今から強姦して帰ります」と宣言して去って行ったりと、色々ヤバ過ぎました。

「私、いまはその人の心理が分かるんですよ。２０１9年に1年間、痴漢抑止活動センターの理事を務めて、痴漢について勉強する機会をいただいたんですね。そこで何でその人が意外とソフトタッチだったのかが分かったんです。痴漢の心理ってやっぱり女性を弱者として捉えているんですよね。自分がマウントを取れる、イニシアティブをとれるから強気に行ける。でも、私、絶対そうじゃないじゃないですか。その撮影現場では私がトップなわけですよ。そういう人間に普段と同じ態度で行けるか？」

——萎縮してしまうわけですね。

「痴漢って、可愛いから、美人だから、足出てるからってやるわけじゃないんですよ。何やっても反撃されないから、その子に行くっていうのが痴漢心理なんです。私はそれと真逆のタイプだったから、フラストレーションが溜まったっていうことだと思います」

——なるほど。そういうことだったんですね。『聖☆痴女』で私がぐっときたのは、平野監督から「いつまでこの仕事やるの？」って質問されて、「今年いっぱいかな」って小室さんがおっしゃって、引退後にどんな仕事やりたいってなったときに、小室さんの答えが、「今の小室友里の名前を汚さないような仕事だったらやる」っておっしゃってて。素直に格好良いなって思ったんですよ。トップ女優としての引き際を考えていたのですか。

「そうですね。鈴木社長から一般の社会に戻ったら女性の美しさと言うか、男性社会で求められている、女としての商品価値がなくなるからお前も気を付けろよ、ってずーっと言われてたんですよ。私は正直それを嫌だなって思ってたし、小室友里ってものをここまで築き上げてきたっていうプライドもあったので。ガンダムのシャアじゃないですけど、**地に墜ちたな**※って言われたくないっていう気持ちはいっぱいありましたよ」

当時の三大NG「レズ・SM・スカトロ」引退を決めた理由とは？

――99年人気絶頂期に引退されたイメージがあったんですけど、引退理由は？

「自分のやりたくないことをやらないと撮れないって言われたので辞めました。当時の、**三大NG**※が『レズ・SM・スカトロ』だったんですね。これ、私一回も解いたことなくて、一回だけ、真木いづみちゃんって子とチューしたぐらいなんですよ。自分が楽しんでやらないと、それが確実に画になって視聴者に伝わるって感覚があるんです」

――なるほど、それで潔く。レズもNGだったんですね。

※**地に墜ちたな**
テレビアニメ版『機動戦士ガンダム』の第43話「脱出」に登場する、キシリア将軍のセリフ。シャアが操縦するジオングの識別反応が途絶えたことを受け、「赤い彗星も地に墜ちたものだな」と冷たく言い放った。こんなセリフを知っているとは、小室さんはガンダムマニア？

※**三大NG**
大半のAV女優が避けると言われるジャンルの総称。〝レズ〟のかわりに〝アナルもの（肛門を露出する）〟が含まれることもある。

「今でこそ、ＬＧＢＴへの理解も深まりつつありますけど、当時はまだそうではなかったと思うんですよね。ＳＭ・スカトロって、単体女優が堕ちていく段階にあるカテゴリーなんです。アダルト業界では、そこにレズも並んでいたから、そこには堕ちたくないっていう気持ちが正直あった」

――やっぱり築き上げてきた小室ブランドが大きいですよね。絶対１００年後の人類も小室さんでヌイてると思うんですよ。

「まじか、残るんだ（笑）」

――絶頂期は殺人的スケジュールだったんじゃないですか。

「ＡＶの撮影以外にもスチール撮影、インタビュー。撮影の前の打ち合わせ、月刊誌・夕刊紙の連載、ファンとのオフ会、あと雑誌の企画で読者とテレフォンデートってあって」

――それは読者で選ばれた人が小室さんと電話でデートできるんですか。

「そう、テレフォンデート。**『アップル通信』**※の企画で電話が鳴ったら出るとかだったんで、テレクラみたいなもんですかね、繋がったらラッキーみたいな。10分くらいで話し終わってくださいみたいな指示をもらってました」

――**ダイヤルＱ２**※とかやっていたら、めちゃくちゃ儲かったでしょうね。

「女優さん使ったダイヤルＱ２（笑）。きっと荒稼ぎですよね」

※**『アップル通信』**
三和出版が発行していたアダルト雑誌。同時期に発売していた『オレンジ通信』と姉妹雑誌と見なされることが多かったが、そちらは東京三世社発行で両者は別物。なお『なかよし』に掲載されていた、たかなししずえの漫画『オレンジ通信』（講談社）も、全くの無関係である。

※**ダイヤルＱ２**
１９８９年にＮＴＴが開始した情報料回収代行サービス。「０９９０」から始まる電話番号を使用してさまざまな番組にアクセスできるという内容であったが、

ギャラの総額３０００万円
両親からは知り合いの漬物屋で働け

――当時のh.m.pさんには、星野杏里[※]さんっていう大スターがいたわけですよね。当時、星野さんは20本1億円っていう専属契約をされていたと聞きます。で、その星野さんを超える勢いで人気だったと思うんですけども、当時って総額どれくらい稼がれましたか。

「トータル３０００万くらいじゃないかな」

――それだけお金を稼がれて、ご両親からすると水商売でもやってるのかなって思われてませんでしたか。ご両親にはＡＶの話を打ち明けられたのですか。

「突発的に話をしてしまったというか。例の高校時代の彼氏のあとにお付き合いした人と結婚の約束をしてたんです」

――業界の方ですか。

「いえ、バドミントンサークルで知り合った郵便局の局員さんです。局員というかアルバイトの方。『ＡＶ引退したら結婚しようね』って、互いの両親も紹介し合ってました。ところが色々あってフラれてしまって。泣きながら実家に帰ったんです。１９９７年の年末

風俗店の情報提供や未成年の売春などエロ目的で使用される例が大半で、現在でいう「出会い系サイト」のような役割を担っていた。１９９１年のピーク時には全国で８５００番組が提供されていたが、インターネットの普及などを要因に利用者は減少し、２０１４年にサービスが終了した。

※星野杏里
１９７６年生まれ。95年にＡＶデビュー。目鼻立ちがはっきりした顔立ちから「インド系美人」と評された。作品内では清楚なメイクや服装を身に纏いながら激しいフェラチオを演じることで話題となったが、本番は一度も行なわなかった。わずか2年で活動終了したこともあり、現在では業界内でカリスマ視されている。

だったかな。両親に色々話してるうちに勢いで言っちゃった。いま凄く充実してるし、私にとってプラスになるお仕事だから、納得できるまでさせて欲しいって」

――ご両親のリアクションはいかがでしたか。

「もう声も出ない。父は知り合いの漬物屋さんが店員さんを募集してるからそっちで働かないかって。仕事に困ってるからそういうことをしてんのかってね。夜中まで4時間くらい話をした記憶があります」

――同級生の反応はいかがでしたか。

「私、成人式は一応出席したんですけど10分で帰ってきました。やっぱりみんな知ってるから、本当に腫れ物に触れるってこういうことなんだなあって。遠巻きに白い目で見られました。私の周り2メートル、ぜんぜん人が近づかなかったので。檻に入ってる珍獣の気分です。気付いてるんだけど、チラチラこっちを見てヒソヒソ話すみたいな」

――みんなお世話になっているはずなのに酷いですね。同窓会は参加されないんですか？

「同窓会に行っても女性と見事に話が合わないんですよ。私も結婚したんですけど、子どもはいないし、45歳くらいの女性の会話って子どものこと、家族のこと、土地のことが中心なので、まったく話が合わず、めんどくさいって思って（笑）。なので、何人か親しい友人がいるとこに行くっていう、そんな感じです。やっぱり自分でサロンやって経営してるとか、そういう方じゃないと、お互いの苦労してる感覚っていうのが共有できないので」

——なぜ、ご自身がAV女優としてトップを取れたと思いますか。

「普通だったからだと思います。いわゆる、世間一般の普通の感覚を持ち続けていられたから、なんじゃないかなって。私、当時6万5000円のワンルームのアパートに住んでたんですよ。車は高級車ではなく、150万ぐらいで買えるトヨタ・**カローラレビン**※。女優を続けながら、地元のバドミントンサークルにも通って、OLさんと変わらない生活圏の中で、生きてたんですよね。一般で言われている21、22歳の女の子の生活圏だった」

——意識的にセレブな生活を避けていたのですか。

「当時、売れてる女優さんは麻布十番の高層マンションで、月の家賃が20~30万円の家に住んで。で、お付き合いするお相手は、某有名バンドのドラマーさんだ、ベーシストさんだ。そういうところに行って、私楽しいのかなと。私興味ないって思って」

芸能界とAVの世界は似て非なるもの スポンサーありきの世界

「芸能界とAV界って、似て非なるものなので、AV界から芸能界へ行った人たちがどん

※カローラレビン
トヨタ自動車が1972年から2000年まで販売していた、小型のスポーツクーペ。人気マンガ『頭文字D』の主人公が乗る〝ハチロク〟は、このカローラレビンのAE86型。ファンが多く、状態のよい人気車種なら中古で200万円以上の値がつくことも。

だけ苦労してるか、どんだけいじめにあってるかってやっぱり聞くわけですよ。先人たちがそこにいっててやっぱり道を開拓できてない。私もそれになるのかなって思ったらちょっとそれは耐えられないって思ったんです。飯島愛さんだけは別格ですよ。あれは戦略的に事務所がそれをやったので」

――最近は**恵比寿マスカッツ**※の影響もあって、垣根が低くなった印象もあるのですが。

「結局のところ、それって芸能界・ＡＶ界の周りにいる一般社会がどう評価するかなんですよ。**及川奈央**※ちゃん、**みひろ**※ちゃん……、彼女たちがＮＨＫの大河ドラマに出たり凄いと思いますけど、じゃあ元ＡＶ女優が、一般の女優さんたちと同じ活動ができているかっていったら、正直、難しいじゃないですか。評価は誰がするかっていったら、芸能界ではなく芸能界にお金を出しているスポンサーなんですよ。そこから評価をされないと、女優としての評価はないと思ってて、それが、私の時代ではまだまだ難しかった」

――それを分かった上で、小室さんは戦略的にビジネス展開されているわけですね。

「言ってみれば地に足のついた、自分でコントロールできる範囲の活動っていうものができてるんだと思います。だから他の女優さんからすれば、すごく行動エリアはちっちゃいし、金額的にもスモールビジネスなんですけど、そのぶん、10年、20年続けていける土台があるところで私は勝負をかけているっていう」

※恵比寿マスカッツ
テレビ東京の深夜番組『おねがい！　マスカッツ』から生まれたＡＶ女優を中心とするユニット。蒼井そらや麻美ゆま、ＲＩＯなどが在籍。ＣＤを発売し、コンサートを行うなど、アイドルとして本格的に活動。その影響は絶大で、彼女らに憧れ、ＡＶ業界入りする女性が増えたとも言われる。

※及川奈央
２０００年にデビュー。ソフト・オン・デマンドやムーディズといった新興のメーカーの作品に多数出演した。04年から一般の女優業にシフトし、ホラードラマや特撮ヒーロードラマの常連となる。実年齢にそぐわない妖艶な雰囲気から「艶系女優」という異名が生まれた。現在はYouTuberとしても活動している。

――経営者の方にもファンの方、多いんじゃないですか。

「多いですね。でも、じゃあ一緒に事業とか何かでタッグを組もうってなると、また別です。同じ土壌に立ってフラットな関係で事業を一緒にやるってなったら、やっぱりさっき言ったスポンサーさん、一般社会の方たちが評価をする対象になります。そこはお相手の企業さんのブランディングに関わってくる話だから、小室友里を使うことへの評価っていうのが問題になってくる。でも、ありがたいことに、私、いま一般の印刷業者さんのモデルをやってるんです。お薬手帳のモデルを今やらせていただいていて、そこからお問い合わせも入ってきたりもします。で、そこの社長さんも、『あ、この子ね、女優さんなんだよ』って、それだけです。興味があれば、小室友里っていう検索をかけて、『こういう女優さんなんだね』って知っていくっていう」

ＡＶ女優のセカンドキャリア TEDのスピーカーになりたい

――現在は、男女コミュニケーション専門家をされていますが、具体的にはどういうお仕事になるんでしょうか。

※**みひろ**
デビュー当初はヘアヌードモデルやお菓子系アイドルとして活動していたが、ファンから「活動が中途半端」と批判されたことを機にＡＶ女優への転身を決意する。バラエティ番組の企画内で生まれたユニット「恵比寿マスカッツ」の創立メンバー。演技力が高さに定評があり、これまで多数の映画やテレビドラマに出演している。

「婚活サークルやスタイリストさんなどと連携して、男性をより輝かせるといった活動です。事業の一つの柱が、セックス、恋愛、不倫……、こういったところに悩みを抱えている方たちに行なうカウンセリング事業。もうひとつの柱が、男女のコミュニケーション、男女の心理の違いを語る講演活動。これもＡＶの影響なのか、交際やＳＥＸがうまくいかない男性って多いんです。ＡＶで観たプレイができなくてＥＤになってしまったりとか。今の活動は罪滅ぼし的な気持ちもあるんです」

――ＡＶ女優のセカンドキャリアはいかがですか。

「ちょっと辛めなこと言いますけど、プロダクションに入っているうちは、事業じゃないと思ってます。プロダクションの、一事業として女優さんってかたちを取ってるだけですから。自分がやりたいことも事務所のＯＫがでないとできないじゃないですか。どんなに売れてても、どんなに文化人と呼ばれていても」

――小室さんは今後のモデルケースになりうるポジションにいる、ということですね。

「使命感って言っていいのか分からないですけど、これだけセカンドキャリアが難しい、難しいって言われている中で、私にはやる責任があるんじゃないかなって。客観的かつ論理的に、性の情報を、経済、マーケティングも加味しながら話せるのは多分、今のところ私だけだと思いますから」

――小室さんが今後実現したいこと、これだけはやりたいみたいなことはありますか。

「私、TED※に出たいんです。世界的ＣＭプロデューサーで、シンディ・ギャロップさんっていう起業家の女性がいらっしゃるんですけど、今60歳くらいなのかな。その方、『Make Love Not Porn』っていう、素人のカップルが自分たちのセックス動画をアップして配信するサイトを運営している方なんですね。一回、お会いしたことがあるんですけど、とてもエネルギッシュな方で、ＴＥＤではポルノで作られるものではないってことをスピーチをしたんです。それを聞いてもう感動しちゃって。これを日本版のＡＶでやりたいなって思って。その為にはまず自分の語学力を上げなきゃいけないんですけど（笑）。50歳までには実現したいですね」

――世界を視野に凄いです。ぜひ実現させてください。

「これを、元ＡＶ女優・小室友里が実現させたときに革命が起きるかなって思ってます。どうしても日本の中だけだと元ＡＶ女優ってだけでしかない。だから、もうそこを飛び越えちゃおうって。もしＴＥＤのスピーカーになれたら、小室友里っていう女優から始まった人生っていうのは、ひとつ完結するんじゃないかなって思ってます。未来が変われば過去の価値って変わるんですよ。その価値を変えることが、きっと小室友里がＡＶ業界にできる恩返しなんじゃないかなって思ってます」

※TED
「広める価値のあるアイデア」を共有することを目的に活動する非営利組織と、同組織が主催するオンラインで配信される講演の総称。講演を行う人物は、ビル・クリントン元米国大統領やWikipediaの創業者であるジミー・ウェールズといった世界的著名人から無名の一般人まで多種多様。講演の内容はあらゆるジャンルにわたり、現在、世界中でもっとも注目される講演会である。

――シルヴェスター・スタローンも若いころは**ポルノ俳優として活動**※していた、と聞きますし、日本と海外でポルノスターに対する捉え方が違うのかもしれないですね。

「元ＡＶ女優だけど、ここまでやったら認めるしかないよね、っていうところまで行きたい。それこそ、こうやってインタビューをしていただいて自分の中で整理がつくってのもあるんですけど、二十歳の時の成人式でみんなから向けられたあの白い目に対して、やっぱりなにくそっていう気持ちがあります。今に見てろよ、みたいな（笑）」

約4年にわたってナンバー1を走り続けてきた栄光の影で、様々な葛藤があったことを知った。本番やハードなプレイで人気を博すも、人気絶頂期に引退。

ＡＶ女優のセカンドキャリアは厳しいと言われている中で小室さんは実業家として活躍を続けている。第一線に立ち続ける姿からは、トップに君臨した小室さんだから持つ〝元ＡＶ女優〟としてのプライド、後に続く元ＡＶ女優の規範になりたいという使命感、そして小室友里という大スターを輩出し、育ててくれたＡＶ業界への恩返しの気持ちが根底にあることが窺えた。

〝元ＡＶ女優〟のトップランナー、小室友里さん。ＴＥＤの大舞台で意気揚々と語る小室さんの姿が目に浮かぶ。

※ポルノ俳優として活動
スタローンは駆け出しの頃、『The Party at Kitty and Stud's』（1970年）というソフトコアポルノ（露骨な性描写のないポルノ映画）に出演している。そのときの出演料は200ドル。彼が『ロッキー』で世界的な成功を収めるのは、その5年後の1975年のことである。

【伝説の女優2】

サザンオールスターズのＭＶで
ヒロインを演じて話題になった翌年に引退！

松本まりな

——*Marina Matsumoto*

バブルの時代、１９８８年1月、18歳の時に**宇宙企画**※のオムニバス作品※『**THE セーラー服4**』にてＡＶデビューした松本まりなさん。

当時としては珍しいショートカットで清純派美女としてブレイク。１９８９年、サザンオールスターズの『女神達への情歌（報道されないＹ型の彼方へ）』のミュージックビデオでヒロインを演じ話題となった。翌年、18歳年上の経営者の男性との結婚を機に引退。育児に専念するもＡＶの世界が忘れられず、引退から21年後の２０１１年に熟女ＡＶ女優として復帰を果たす。ＡＶ復帰に至るまでの経緯とは。

――１９８８年1月にデビューされて、１９９０年引退ということで活動期間は2年8か月ですよね。

「そうですね。**ＶＩＰ**※さんで1年、その後、**アリスジャパン**※さん、**ＫＵＫＩ**※さんで1年ということで。18歳から20歳までやってました」

――当時からすごく大人っぽいですね。早速、込み入った話で恐縮ですが初体験はいつでしたか。

「中学2年生の時、相手は同じクラスのボーイフレンドでした。昔、何かの番組で「付き合ってください！」みたいなのあったじゃないですか。3人並んで、こうやって手を差し

※宇宙企画
1981年創業。従来の女優ではなく、〝素人女性〟を起用することで、ピンク映画からAVへと移行する流れを作った。最盛期の80年代中盤には、秋元ともみやかわいさとみらを頻繁に起用、彼女たちは「宇宙少女」と呼ばれた。

※『THE セーラー服4』
1987年に宇宙企画が発売したアダルトビデオ作品「スーパーVIDEO塾 THEセーラー服」の一編。女子中高生をモチーフにしたオムニバス作品で、当時人気を博していた梁川りおや小柳みゆきらが出演している。

※VIP
1980年代初頭よりAV製作を開始。設立当初はたこ八郎や外波山文明らが出演する文学的な作品も作っ

松本まりな
AV業界に入る前は、美容師をしていた。1988年1月に『THE セーラー服4』(宇宙企画)でデビュー。VIPやアリスジャパン、KUKIなどのメーカーで作品を発表。ショートカットに爽やかな笑顔で、たちまちトップ女優になる。90年、『さすらいの恋人』(フェニックス)で引退。その21年後の2011年に電撃復帰し、ファンを喜ばせた。2019年6月9日、自身の誕生日に完全引退を発表。

伸べられたんですよ」

――とんねるずの『**ねるとん紅鯨団**』※ですね。３人同時に告白されたのですか!?

「何このシチュエーション!?　とか思いながら、もともと私が良いと思ってた男の子に、こうやってやりました（笑）「あいつのこと俺好きだ」ってなって「俺もだ」ってなったのかなあ。それとも、おふざけだったのか。わかんないですけど（笑）」

――初体験はいかがでしたか。

「今の若い人ってＡＶやインターネットがあるから情報がいくらでもあるけど、知識が全然なくてもうほんと手探りでした。多分相手も初めての彼女で手探りだったと思います」

――エロ本とかもあんまりなかったですか。

「そうですね。ハウツー本みたいのがあるわけじゃなかったので。先輩とか周りから血が出るとか痛いって聞いてたんですよ。そう聞いてたのに、ん？　痛くないぞって思って。なんかよくわからないまま終わっちゃいましたね。その彼とは中学卒業までお付き合いしました」

――中学卒業された後は高校に進学されたのですか。

「美容師になりたかったので、高校に行かずに美容室に入ったんです。インターンとして学びながら通信で免許を取ろうと思って入ったんですが、もう入ったその場で『あ、向い

ていた。1994年からは子会社の「アトラスにじゅういち」がAV制作を引き継ぐ形となり、ここでVIPレーベルは終了となった。

※アリスジャパン
ジャパンホームビデオのアダルト部門として1986年に発足。同社が発売した「女尻」「逆ソープ天国」は、AV界の定番シリーズとして長年ファンに支持されている。

※KUKI
1977年に発足。80年代後半には監督に業界外のクリエイターを積極的に起用。「ウルトラシリーズ」で知られる実相寺昭雄監督の作品が年間売り上げのトップを記録したこともあった。

てないな』ってすぐ気付いたんですよ。美容師さんって華やかなイメージがあったんですが凄く地味に感じて、絶対できない！　って思って1年で辞めましたね」

美容師の恋人とのSEXで

“性の相性”というものを実感

――美容師時代にお付き合いされていた方はいらっしゃったのですか。

「向かいの美容室の人と付き合いました（笑）。お店同士で多少交流があって、『付き合ってください』って言われて。フリーだったので『はい』みたいな。でも、その彼が痩せてたんで、SEXのときにすごく骨盤が当たって痛いんですよ。『体が合わない』って、こういうことなのかって知っちゃったんですね。私も結構その頃痩せてたので、骨盤がゴリッゴリゴリッゴリ言うんです（笑）」

――美容師さんから突然AVの世界に行かれたのですか。

「その美容室のお客さんで銀座でレストランをやっている方がいて、名刺をいただいたんですよ。『よかったら、ご飯食べにおいでよ』って。それでそのレストランに行ったら『働いてみない？』って言われて『えー……、神奈川から銀座に通うのかあ』って思いながら、

※『ねるとん紅鯨団』
1987年から7年余りにわたってフジテレビ系列で放送された、とんねるず司会のバラエティ番組。番組の内容は、複数の男女が集団で交流した後に男性側が意中の女性に告白するというもので、深夜枠にも関わらず20％以上の高視聴率を記録することがあった。この番組が人気を博して以降、男女が集団で会合する「合コン」や「お見合いパーティー」といったイベントが一般化した。

そこに通うことになって美容室を辞めちゃったんです」

――渡りに船という感じですね。

「それで、レストランで一緒に働いてたボーイさんから『カメラの勉強してるからモデルになってくれない？』って言われて、そこからＡＶのお仕事に繋がっていくんです」

――え、そうなんですか。

「私は当時まだ17歳だったので。18歳にならないと脱げないじゃないですか。グアムに行って水着で写真撮ったり、東京モーターショーのコンパニオンのお仕事とか。『BOMB！』※っていうグラビア雑誌とかに出てました」

――そのボーイさん、カメラの勉強どころか本格的なお仕事ですね。

「ボーイさんの師匠にプロのカメラマンさんがいて、その方が私の宣材写真を見て気に入ってくださって事務所を立ち上げて私のことを売り出すぞ！　って決めて、それがＡＶだったたっていう（笑）」

小林ひとみに憧れてＡＶ業界入りを決断

――18になるのを待ってすぐデビューされたということですね。

※『BOMB！』
1979年に学研が発行した雑誌。「ボム」と読む。当初は読者投稿をメイン企画としていたが、やがてグラビア誌に移行。80年代中盤は、ライバル誌がおニャン子クラブを大々的にプッシュする中、菊池桃子らを特集して差別化を図った。

「はい。AVっていうこんな仕事あるけど、やってみない？　って言われたんですよ。アダルトビデオの世界って私、知らないですし、で、ちょっと覗いてみたら**小林ひとみ**※さんの存在を知って。メーカーさんの事務所にあった小林さんのポスターを見たときにかっこいい〜！　って思ったんですよ。『え〜なんでこんな綺麗な人が、この仕事するんだろう』って衝撃を受けて。それでこの世界に入りました」

――美容師さんとして働いていなければその出会いもなかったし、AVデビューもしてないわけですもんね。

「本当そうですね。そのボーイさんはずっとマネージャーさんとして18歳から20歳までついてくださって。朝起こしにきてくれるところから全部やって頂いて。もうずっと、恩人です」

――芸名の由来は何だったんですか。

「私、松田聖子さんが好きなんです。それで、松田さんの松。松田優作さんしかり『松』が付いてる人って結構売れてるっていう私の勝手なイメージで自分で付けました。最近、松本まりかさんっていう女優さんがいらっしゃって。一字違いでご迷惑をお掛けしてないかと思って。この間まりかさんのインスタをフォローしちゃいました（笑）」

――松本まりかさんのお名前聞くと、松本まりなさんをイメージしてゾクゾクしちゃうん

※**小林ひとみ**
1986年に「松本かおり」名義で写真集を発刊。同年に発売した『禁じられた関係』でAVデビューを果たす。それまで素人が出演しているという建前だったAV業界において、堂々と芸名を名乗り数多くの作品に出演し、「AV女優という職業は小林ひとみによって確立した」とも言われている。89年に一旦休業したが、98年に本格復帰して熟女系の作品に多数出演した。ビデオの累計売り上げは約60億円とも言われている。

です（笑）。ぜひ、お2人の対談も拝見したいです。

「いやいやいや。そんな失礼な！　とんでもないです。まりかさん、最近ますます色っぽくて大好きです」

深夜番組にも出演『タモリ倶楽部』のオープニングのお尻も

――ＡＶ以外の女優さんのお仕事にはご興味がなかったのですか。

「**飯島愛**※さんが、ちょうど時代がちょっとかぶるんですよ。彼女が芸能界の方へ行ってしまったので、右に倣えみたいな感じでお芝居や歌のレッスンをやって、事務所の希望でそっちの方に行こうとしてはいました。昔は今みたいにコンプライアンスがうるさくなくて、結構、番組でポロリとかあったんですね。『**みなさんのおかげです**※』とかの、女優さんがカーテンの裏にいる時のシルエットや、お風呂入って脱ぐシーンの吹替とかお色気要員みたいなのとか。『**タモリ倶楽部**※』のオープニングのお尻もやりましたね」

――『タモリ倶楽部』のオープニングのお尻ふるやつにまりなさんが!?

「あまりテレビの仕事で成功する感覚が私の中にはなくて。だって、きれいな女優さんが

※**飯島愛**
1972年生まれの元ＡＶ女優・タレント。高校中退後、六本木のクラブでホステスをしていたときにスカウトされてデビューした。90年代中盤からバラエティ番組に出演するようになり、スカートをめくって後ろが〝T字〟になったセクシーな下着姿を見せる〝Tバックの女王〟として人気を集める。2000年に刊行した自叙伝『プラトニック・セックス』（小学館）は、自身の壮絶な半生を赤裸々に書き記した内容でベストセラーとなった。

たくさんいらっしゃいますし。しょせんAV女優だもん！　って思ってますし。当時は結構引っ込み思案で、飯島愛ちゃんほど楽しく上手におしゃべりできなかったんですよ。背伸びして頑張ったら大変だから、芸能人になろうと思った事はないです。舞台とかそういうのとかも考えたことありません。ひたすらAVのことしか」

家族にはいまだにAV女優のことは内緒
息子とコンビニに行くと自分が表紙の雑誌が…

――デビューの頃って、ご両親とかにはお話しされなかったんですか？

「両親や兄弟、現在は息子もいるんですけど。家族の誰にも打ち明けていません」

――え～、ほんとですか。バレないもんなんですか。

「息子とコンビニに行ったときに、私が雑誌の表紙になっていたことがあって。息子の目を盗んで雑誌を裏返しにしたりとか（笑）。堂々としてると意外とバレないんですよ。バレたくない、バレたくないって思ってる人の方がバレちゃって、後で大問題になってますね。好奇心旺盛なので、『あ、やりたい』って思ったら、誰にも相談しないですぐ行っちゃうんです」

※『**みなさんのおかげです**』
1988年から1997年までフジテレビ系列で放送されたバラエティ番組「とんねるずのみなさんのおかげです」の略称。グラビアアイドルやAV女優が頻繁に起用されていた。

※『**タモリ倶楽部**』
1982年から放送されている長寿バラエティ番組。オープニング映像は、ロイヤル・ティーンズの楽曲『ショート・ショーツ』に合わせて下着を履いた女性のお尻が映し出されるというもの。お尻を出す女性たちは、スタッフから「お尻ギャル」と呼ばれている。

18歳にして100万円を手渡しすべて六本木のショーパブのお兄さんに

——当時のギャラっておいくらだったのですか。

「私は18歳でデビューして、１番最初に１００万円渡されたんですね。うお〜〜〜ってなるじゃないですか。舞い上がって、六本木のショーパブのおにいちゃんに全部貢ぎました（笑）。『売り上げ、俺、ナンバーワンになりたい』なんて言うので、毎日毎日入れてすぐに１００万なくなりました。１００万円使い切ったと事務所に言ったら、お小遣い制でまた追加でもらえる、凄くいい時代でしたね。で、その子をグアムに連れていったりして」

——ＡＶで天下を取りたいという野心みたいなのはありましたか。

「やるならとことんＡＶの世界で売れたい、やっぱり1番になりたいっていう気持ちはあるので、昔はもう、それこそしょっちゅうランキングを見てましたよ。当時は雑誌でよく人気投票をやっていたんですよ、『**デラべっぴん**』※とか。それで1位になってると、コンビニで立ち読みしながら、マネージャー後ろにいるのに『やった、私1位だ！』なんてはしゃいでいましたね。どんどん新しい子が出てくるし、めっちゃ可愛い子も出てくるから、

※**『デラべっぴん』**
１９８５年に英知出版（現・メディアックス）から刊行されたアダルト雑誌。「もっと女を愉しみたいマガジン」をキャッチコピーとしており、ＡＶ女優のヌードグラビア以外にも官能小説やエロ劇画など、内容は多岐にわたっていた。サブカルチャー系の特集が組まれる機会も多く、１９９６年には当時話題だったアニメ『新世紀エヴァンゲリオン』の特集を他の雑誌に先駆けて行なった。最盛期には50万部の部数を誇ったが04年12月に休刊。

18歳でショーパブの男性をグアムに連れていく。
そんな〝豪傑〟なエピソードも、松本まりなさんは涼し気に語る。

これはやばい、このまま私どんどん仕事がなくなって、ストリップに売り飛ばされるって焦りもありました（笑）」

――風俗のスカウトとかはなかったですか。

「風俗のお話はたくさんいただきましたね……。そうそう、中には〝まな板ショー〟みたいな話もあったんですよ。ストリップの舞台みたいなところに上がると、『はい、この人とヤりたい人～』みたいな感じで、お客さんが手を挙げるんです。それで、じゃんけんに勝った人が舞台に上がってきて本番やるんですよ」

――すごい話ですね。じゃあ、1回も風俗で働いたことは？

「ないですね。私はAVで本番してなかったから、風俗にも流れられないんですよ。それができるんだったら行ってましたよ。私は本番をしてないから体を売ってる商売だとは思ってないって。それが自分の中にはずっとありましたね」

――当時は**疑似**※が当たり前だったんですよね。

「疑似がほとんどでしたね。私も本番じゃないなら、なんとかAV女優になれるかなぁと思って入ったわけですから。私は疑似を貫き通したけど、途中から本番になっている子もいましたね。最初から本番の子もいるし。単体って呼ばれてる女優さんたちは、みなさん本番してないはずです。入り口はね」

※**疑似**
AV作品において、出演者が実際に性行為を行なっているように見せかける動作や演出のこと。以前のAV作品は擬似で撮影されることが大半で、中出しシーンで使われる精液は実際のも

成人式での同級生の意外な反応
世間のイメージと自身とのギャップに衝撃

――昔のＡＶって「借金返済で脱ぐしかなかった」とか、家庭環境が複雑だったりとか、そういうイメージを勝手ながら持っていました。

「みんなそういう風に思ってて、私、成人式で実家に帰ったんです。同級生たちの反応を見て初めて分かりました。ざわざわざわざわざわってなって」

――みんなサインくれって。

「違うんですよ、その逆。『ＡＶ女優がきたよ、売春婦がきた』ってヒソヒソされちゃって。借金まみれで大変でこの仕事に入って、それこそどん底に落ちた人間がきたよって。もう上から下まで舐めるように白い目でみられましたよ。それで、一番最初に付き合ってた彼氏が『お前もう嫁に行けないと思うから、俺がもらってやろうか？』って言ってくれたの(笑)」

――同級生の皆さん、意外な反応ですね。

「私は現場でチヤホヤされてルンルンでやってるのに。『借金こさえて、ヤクザの女になっ

のではなく、コンデンスミルクや卵白を混ぜ合わせた模造品が多く使用された。画像解析技術が向上した現在ではモザイク越しの映像が解明されやすくなったため、現在は本番が撮影されることが主流となった。

てる』とか、そういう風に思われてるなんてショックでした。でも、一つ私言えるのは、人がどう思うのかは勝手。私は楽しんでやってるし、後悔もしてないし、楽しかったので。他人に何言われようが別に構わないっていう気持ちが常にありますね」

サザンオールスターズのＭＶに出演桑田佳祐からオファー!?

――その頃、ちょうどサザンオールスターズの**『女神達への情歌（報道されないＹ型の彼方へ）』**※のＭＶに出演された時期ですね。

「はい。桑田圭祐さんご本人から、直接ファンですと言われたわけではないんですが、『ファンなんだって』というのをツテで聞いて、出演オファーをいただきまして。それで会いに行ったんですけど、めちゃくちゃ気が合って、その場でお話が決まっちゃったんです」

――歌詞の内容はＡＶを観て妄想に浸る男性のお話で、歌詞に「AV girl」という言葉も出てきますよね。「報道されないY型」というのはモザイクを意味するみたいですね。

「そうなんです。ＭＶでは私がシーツの中でゴワゴワゴワゴワしていて、桑田さんが自慰

※**「女神達への情歌（報道されないＹ型の彼方へ）」**　1989年にサザンオールスターズが発表した25作目のシングル。ＡＶを鑑賞して妄想に耽る男性の様子を歌ったもので、「AV girl」のほか「カラミの芸能」「揺れるモザイクの想像」など、ＡＶを連想させるキーワードが散りばめられている。

行為をして私一緒になって歌うんですけど、なんだか超恥ずかしくて（笑）。NGのところが使われてました。サザンのMVに出たことが人生で一番自慢できることかな」

――サザンの『**ボディ・スペシャルⅡ**』のジャケットが女性の上半身ヌードでそれも話題になりましたが、まりなさんではないですよね。

「違います（笑）。それにも携わりたかったですけど。私はあまりおっぱいが大きくないので（笑）」

18歳年上の経営者と結婚、引退SEXから遠のきたかった

――そのMV出演のあとで引退されたんですね。

「**引退作**[※]を撮ってきれいな状態で辞められたから。それこそ、〝AV界の山口百恵〟状態で（笑）。『結婚もしたいし、普通に一般人になりたいです』って言って辞めました」

――旦那さんはどういった方だったのですか。

「知人から紹介してもらったのですが、私が22歳の時に、私より18歳年上の40歳の人で建築系の会社を経営されてる方でした。私、高校行ってない分、社会に出るのも早かったし、

※「**ボディ・スペシャルⅡ**」　1983年に発売されたサザンオールスターズ17作目のシングル曲。カバーは短パンを履いた女性のトップレス姿を正面から映し出したもので、後年に桑田佳祐自身が「（コンプライアンスが強化されている）いまじゃ確実に出せないでしょう」と語っている。

※**引退作**　1990年10月に発売された「さすらいの恋人」（フェニックスビデオ）のこと。今作出演後、松本まりなはAVからの引退を発表した。その後は、他社が出演するAVに端役として出演していたが、2011年に復帰宣言をして以降、積極的にAV作品で主演を担い、「熟女系」として大きな話題となった。2019年、自身の誕生日に再度引退宣言を行なった。

18歳でＡＶのお仕事して、周りは大人ばっかりだったので、年下なんて考えられなかったですね」

――出会ってすぐ結婚みたいな感じだったんですか？

「交際期間は1年ぐらいですね。ある時、両親に彼のこと紹介したら、親とそんなに変わらない年齢のヤツなんかと結婚するなと大反対されて」

――旦那さんはまりなさんのファンだったのですか。

「いえ、私のことをまったく知らなかったんですよ。だから結婚したの。知らない人がいいと思ったので。やっぱり相手が知っていると面倒なこともあるんです。昔付き合ってた彼氏が、私は疑似だったのに『絶対本番しているだろう』って疑うから、『じゃあ、現場くればいいじゃん』って一回誘ってみたんですよ。そしたら本当にきて、何を言うかと思ったら『俺にはあんなことをしてくれたことないじゃん』って。ＡＶのことを知ってると色々支障があるんですよ」

――旦那さんにはカミングアウトしなかったんですか？

「しなかったです。従業員の人たちとも会わないようにしてました。あれ、社長の奥さんって、もしかして……って顔見たらバレちゃう可能性もあるから（笑）」

――いまも気付かれたりありますか。

「たまに電車乗ってて、知らない男性に会釈されることがあります。どうもお世話になりましたって（笑）。**インスタ**※もファンの方への恩返しのつもりで始めました。『MARINA OFFICIAL』というYoutubeも最近始めてレジェンド男優さんにもご出演いただきました」

――ブランクの間は何をされていたのですか。

「もうずっと子育てです。20代半ばの息子がいます。結婚している間はセックスもほとんどしなかったですね。旦那さん、糖尿で勃たないのでなかなかチャンスがないんですよ。それも私にとってはちょうど良かったです。セックスから遠のきたかったんですね」

――「AV女優あるある」なんですか。

「こういう仕事してるとエッチが嫌いになります。それか、もしくは風俗に流れて行くか。どっちかだと思います」

バブルがはじけて夫と離婚 公園で出会った男性と付き合い開花

――まりなさんが奥さんでいながら旦那さん、何だかもったいないですね。

「旦那さんとは、うちの子が3歳の時に離婚しました。バブルがはじけて主人の事業がう

※**インスタ**
松本まりなさんのインスタグラムにはプライベートな写真も満載。「marina_69_official」で検索。

まくいかなくて倒産しちゃって」

――バブル崩壊の時期ですね。

「まだ息子が3歳だったので。住んでいたところに父子家庭の方がいらっしゃって。その人と付き合うことになって」

――どこで出会われたんですか。

「同じマンションの公園です。向こうも4人ぐらい子どもがいて。別れてお父さん一人で育ててたんですよ。で、子どもがいつもお世話になってますっていうところから始まって、そこに転がり込んだみたいな感じ（笑）。でも、血の繋がってない子どもを育てるのって大変でした」

――その方とは結婚されなかったんですか。

「しなかったです。もう二度と結婚したくないと思って。名前変わったり、もうめんどくさいんですよ、女子は。でもその方と10年近くいたのかな。その彼氏がとにかく変態で（笑）。それでＡＶ復帰に繋がるんです」

――その方のおかげでスキルが磨かれたのですね。

「開花させられました（笑）。『楽しいかな、セックス』と思えるようになったのは、彼がきっかけです。子どもを産んだ後の方が子宮が感じるようになるのかもしれないです。子ども産んだ後、閉経した後ってそれぞれ段階があるじゃないですか。だからそれで、変わっていくらしいですよ。女性って歳をとればとるほど気持ち良さが増すんですって」

――その彼氏さんに具体的にどのようにスキルを磨かれたのですか。

「ポストに裏ビデオを宅配してくれるやつが当時流行ってたんですよ。**『裏ビデオあります電話ください』**※みたいなのがポストに投函されてる変な時代があって。電話してカタログの何番と何番くださいって言うと、宅配で持ってきてくれるんですよ。それでその中に私の裏ビデオもあったんですよ。それで取り寄せてみたんです、おもしろーとか思って（笑）」

――え、裏ビデオって。まりなさんは疑似だったので裏だと本番してないのがバレちゃいますよね。

「途中で私、前張り取っちゃってるんですよ。かぶれちゃって。で、挿入シーンだけ他の女優さんのにパパッと変わるんですよ。ぱっと差し込むと、ほんとにしてるみたいに見えるんだよね。すごい！　とか思って。編集した人に拍手したくなっちゃった（笑）」

――まりなさんが知らないところで勝手に制作されてるんですね。

「私、引退後にもオムニバスでいっぱい作品がリリースされてるんですよ。私がずっと現役でやってると思ってる方もいるぐらい。昔はひとつの作品を1週間くらいかけて撮って

※**裏ビデオあります電話ください**
個人宅にビデオデッキが普及し始めた1980年代中盤には、一人暮らしの男性宅に「裏ビデオを○本配達します」といった内容のチラシが送付されることが多々あった。チラシには電話番号が記載されていることが一般的で、電話をするとチラシに記載されているよりも高い金額が請求される、届いたビデオの内容は自然風景を映し出したもの、といったケースも存在したという。

ましたからイメージ映像はたくさんあるし、編集すれば何本でも作れちゃう。『また出た、私の新作！』みたいな。私には1円も入ってこないのですが（笑）」

——その彼氏さんと裏ビデオを観ながらですか。

「そうですね。海外のＤＶＤを観ながら、彼がＳＭやアナルＳＥＸ、フィストだとか色々なことを教えてくれたんです。もちろんアナルもフィストもいきなりサクッとは入らないですよ。でも、段々と拡張されていって開花されていく。ひとつのことを達成すると、また違うジャンルをやってみたくなるんですよね。頭で気持ちいいじゃなく、子宮が悦ぶ感覚（笑）」

熟女ブームに乗って21年ぶりにＡＶ復帰、本番解禁

——そのスキルを手に21年ぶりに「本番解禁」ということで**ＡＶ復帰**[※]されたわけですね。本番解禁どころか〝ＮＧなし〟ぐらいまでいっちゃってましたね。

「そうですね（笑）。幅広くやらせていただきました。業界的に熟女ブームがきてたし、いつか何かのきっかけで戻りたいけど、でも、うちの子はまだ小学生だし……、まだ中学

※**ＡＶ復帰**
２０１１年に、21年ぶりにＡＶ業界復帰を果たした第１作は「嫁の母」（マドンナ）という作品。内容は、娘夫婦と同居している母親が娘の夫を誘惑して情事に持ち込むというもので、松本まりなの実年齢に沿ったリアリティを感じさせるもの。その後も人妻もの、レズビアンもの、近親相姦ものの作品に立て続けに出演した。

飾らない、自然なトークに思わず惹きこまれていく。
取材スペースに、まりなさんの明るい笑い声が響く。

生だし……って躊躇してしまっていて。お母さんがＡＶ女優だって知らないのに、いきなり復活しちゃったらバレるかもしれないじゃないですか」

――たしかに、バレる可能性は高いですよね。

「思春期の頃って一番繊細な時期なんですよ。反抗期だったので私がもし復帰しちゃったら、それバレちゃったら、そんな親だったのかって思われるのも嫌だったので。でも、この熟女ブームの波に乗るしかないと。ＡＶのお仕事で息子を大学に行かせるぞみたいな覚悟もありました」

――熟女メーカーの**マドンナ**※さんには身元を明かして電話されたのですか。

「いえ、『42歳ですけど、何かお仕事ありますか？』って掛けました。だって私、そんなに知名度があるなんて思ってないですもん。何十年も経ってるから、過去の活動はなるべく伏せておこうと思ったんですよ。でも、後で分かって撮影に支障が出ちゃうと困るので、当時出てましたってスタッフに打ち明けたんです。それで〝松本まりな〟って言ったら大騒ぎになって」

――向こうも驚かれたでしょうね。

「コンビニのフリーペーパーで高収入バイトを探していたんですけど、42歳っていうとなかなか仕事がなくて、大人のおもちゃのモニターのお仕事とかをあてがわれそうになりま

※マドンナ
２００３年に設立されたアダルトビデオメーカー。人妻や熟女ものを専門としており、ＡＶ評論家の沢木毅彦からは「熟女の総合デパート」と称された。多くの専属女優を抱えており、その中にはバラエティ番組に出演歴を持つ女性や銀座の高級クラブでホステスをした女性も存在する。２０２１年７月より新レーベル「モンロー」が開設され、40代の美熟女の作品出演が多数予定されている。

したね（笑）。大人のおもちゃ、使わないけどなぁとか思いながら、まぁモニターだったら意見言うだけでしょって思って。でもAVに復帰できてよかったです」

——他の事務所に移ると以前の名前が使えなくなるんですよね。

「普通はそうなんですけど、へんてこな名前つけられるくらいだったら、どうせ『松本まりなだろ』って言われるんだし、〝松本まりな〟で出たほうが売れるんじゃないかという話になりました」

——AV復帰後も息子さんにはバレなかったのですか。

「そうですね。いちおう家族への体裁上、神奈川の駅ビルでアパレル販売員もやってました。たまに息子がお店に遊びにきたりしてましたよ。そのシフトのお休みのときにAVを撮ってたんです」

——AV以外のお仕事もされていたのですね。

「時給1000円で働く大切さを忘れないように、って思いもありましたね。この業界にいると、金銭感覚がおかしくなります。昔もそうだったじゃないですか。100万もらったら『わー‼』って使って……結局、何も残ってないでしょ（笑）。掛け持ちしてた当時は、3か月まったく休みなしで働いてました。40過ぎてその時、腹筋割れてましたからね。すごかったですよ、鍛えられちゃって」

業界初の二世女優として娘がデビュー!?
ＡＶはファンタジー

――２０１４年には、業界初の二世女優として娘さん（**萌芭**※）がデビューされましたね。

「実際には本当の娘ではないんですよ。売り出すためのメーカーさんの戦略ですね。そのかわり知らないよって。私の娘だって言うと、マイナスになることもあると思うよって。私一切責任を取れないけど、それでいいなら名前使ってくださいって言ったんです。その子も、私のことを知らないで撮ってるからね。『なんか、松本さんの娘としてデビューすることになっちゃったっぽいんで、よろしくお願いします』みたいな（笑）」

――親子で共演というのが話題になりました。

「2ちゃんねるでね、私見ちゃいました。『松本まりな、何考えてんだ、娘出すなんて、世も末だ』なんて書かれました。そりゃそうだよ。私だって本当の娘だったら出さないもん。当たり前じゃないですか、そんなの」

――でもまりなさんの娘さんだって思って観るから、興奮するわけなんですよね。

「あれは嘘だよって言ったら冷めちゃうから、みなさんの熱が。だから言わなかったの。

※**萌芭（もえは）**
２０１４年デビュー。親子という設定は当時の所属事務所が考案した販売戦略であり、実際の２人には血縁関係は存在しない。女子高生ものやレースクイーンもの、生駒はるなららとともにスカトロものに出演した。２０１５年１月に「夫の隣で夜這いされ声を押し殺しながらも感じてしまう５人の人妻たち」（グローリークエスト）を最後に新作が発表されておらず、引退した模様。

で、私は引退するときにwikipediaに『あれは実際の娘じゃない』ってファンの方に書いてもらったんですよ（笑）。『娘さん、元気ですか』『娘さんの働いてるお店に行きましたよ』とか『娘さんのビデオ観ましたよ』とか『もう娘さん、大きくなられましたよね』とか、いろいろ言われるのが疲れちゃったので」

――「すいません。うちの娘が初現場なんでイチゴの差し入れを持ってきました。イチゴ好きなんですよ」とか、まりなさんが真剣に演技されてて、いま観たらコントですね（笑）。

「本当、コントですよ（笑）。嘘くさいことを本当っぽく撮るのが得意なメーカーさんなんですよ。『すいません、うちの子の初現場、大丈夫ですかね』とか、『緊張しぃなんでねぇ』とか……。娘とイチャイチャ、チューとかしちゃって。AVってファンタジーなんですよ。観ている人が〝出す〟ことを手助けしてる。どれだけリアルに感じさせて、興奮させるかが勝負なので。でも、あれはもうファンタジーを超えてギャグですよ（笑）」

――そのAVのタイトルが『**絶対的エロ遺伝子を継承　やっぱり私もAV女優になりました。よろしくお願いします。**』※というタイトルです。エロって遺伝するものなんですかね。息子さんはどうですか？

「うちの息子は、多分童貞だと思います。めっちゃ奥手です。人間って反面教師で育つんですよ。でもね、変なとこ似ますよ、子どもって。こないだね、ご飯食べに行ってお互い

※「**絶対的エロ遺伝子を継承やっぱり私もAV女優になりました。よろしくお願いします。**」2014年6月にピーターズから発売されたAV作品。内容は、松本まりなの娘（という設定）の萌芭が、かつて母親が絡んだベテラン男優と絡み合うというもので、AV業界に「二世」「新世代」の概念を持ち込んだ、ある意味エポックメイキングとなった作品。

素足だったんですよ。足の裏そっくり。もう写真撮りたかったんだけど、『どこ撮ってんだよ』って言われて。本当はインスタに載せたかったんですけどね（笑）」

あこがれの職業になる一方でＡＶ女優になる上での覚悟

――息子さんはいま何をされてるんですか。

「社会人です。手に職つけてがんばってます。やっと手が離れたから**引退した**※んですよ。もう私、がんばらなくていいでしょ。だから50歳になったのを目途に辞めたんです。松本まりな、年とったねー、いつまでやってんだろうねって言われるのも嫌ですから」

――若い時よりも今のまりなさんを推すファンも多いと思いますが。

「嫌なんですよ、多分、自分の中の美学があるんでしょうね。やるならやる、やらないならやらない。ダラダラダラダラいつまでもやっているのが、みっともなく感じるの」

――今の10代の女性にＡＶ女優になりたいって言う人がいたらオススメされますか。

「親の目線から言えば、お勧めはしません。もしかしたらお嫁に行けないかもしれないですもん。だけど、やるんだったら一番になりなさいとは思いますね。顔バレをしたくない

※**引退した**
松本まりなさんが完全引退を宣言したのは、２０１９年６月９日（自身の誕生日）。今回は引退作などは撮影されなかった。

からこっそりやりたい、って思ってる人はやらないほうがいいと思う。AVっていうのは1回リリースされると永久に残ってしまうので、そこまで覚悟を持ってやらないといけない。本当にそれでもいいのか考えてごらん、っていうのは問いただしたくなりますね、ただ、私自身はAV女優になって正解だったと思います。復帰してよかったなと思うし、天職だと思います。天性でもあるかもしれない」

番組のコンプライアンスが緩く、ポロリが容認された時代。まりなさんはAV女優として活躍しながら、お色気要員としてテレビにもたびたび出演した。いまだに電車などで顔バレすることがある一方で、家族にはまだバレていないというから驚きだ。仕事に追われて燃え尽きるように去っていく女優が多い中、「AV界の山口百恵」のごとく引退作をきちんと撮って、アイドルであり続けることができたのはとてもレアなケース。まりなさんが、レジェンドであるゆえんだろう。

「デビュー当時は疑似で本番をしていないから体を売ってる商売だとは思っていない。風俗で働いたことがない」というお話が印象的だった。「他人にどう思われようが構わない。『面白そう』と思ったら迷わずやる」という好奇心と意志の強さ……、まりなさんのこれからの活動も楽しみだ。

colum 01 懐かしのアダルトグッズ

70年代に、女性のあえぎ声を収録した『アダルトカセット（エロテープ）』が出回った。

ビデオデッキが一般家庭に普及していなかった頃、夜こっそり布団の中で聴いて想像力を膨らませていた男性は数知れず。「しびれるわ〜！」「いやん、ばっか〜ん」「もうめちゃくちゃにして〜！」などの臭いセリフに昭和が感じられる。

エロテープは大きく分けると物語がしっかりあるものと盗聴モノの2種類が存在する。物語性があるものは官能小説風でナレーションが入り、凝った効果音が収録されているものもある。盗聴モノは「ギシギシ」というベッドの音と「あんあん」という喘ぎ声が聞こえるもので「ギシアン」テープとも呼ばれた。マドンナ社から出たマドンナメイトカセットには、松本まりな、菊池エリ、斉藤唯、豊丸、樹まり子、庄司みゆなど当時のトップ女優が起用されている。

エロテープの前身は「8トラ」。「8トラ」とは70年代前半にカーオーディオ用に広まったエンドレス方式のテープ。車であえぎ声が流れた凄い時代だ。ステレオ（2トラック）×4層方式＝8トラックで略して「8トラ」と呼ばれた。70年代後半からカセット・テープがカーオーディオの主流になり「8トラ」は次第に廃れていった。

また、「森〇の手」という森高千里の手の形を極秘入手して忠実に再現したとするアダルトグッズも販売され、ビデオの中で宣伝されていたのが懐かしい。「森〇の手」の「〇」のところに「ピー」が入っていたが、今の時代だと女性タレントの誰になるだろう。

モザイクを消せるというモザイク除去機も売っていた。4万円ぐらいするもので中学時代、友人に1人1万円ずつ出して買おうと提案したら「心の目をもってして見ろ。モザイク除去機なんて邪道だ」と拒絶された記憶がある。いまではyoutubeに検証動画が上がっているが買わなくて正解だったかもしれない。思えばあの頃は、想像を掻き立てるいかがわしいグッズが揃った豊かな時代だった。

【伝説の女優3】

香港、台湾を中心に海外でも爆発的な
人気を誇った〝アジアの女神〟

夕樹舞子

――Maiko Yuki

高校時代に彼氏の兄からレイプ被害を受けて男性恐怖症となり、それを克服するためにＡＶの世界に足を踏み入れたという夕樹舞子さん。

1995年、18歳の時に『**処女宮　卒業〜グラデュエーション〜**』※（ティファニー）でＡＶデビューするや否や、ショートカットがよく似合う小悪魔的なロリフェイスにナイスバディーで一躍トップ女優の仲間入りを果たす。翌年には休業に入るものの香港で海賊版が流通したことが契機となってアジア全土で人気が爆発。「アジアの女神」の愛称で親しまれる存在に。しかし、意外にも舞子さんのプライベートはほとんど知られていない。知られざる舞子さんの素顔を知る機会を幸運にも得ることができたのでお届けしたい。

新潟の雪国で生まれ育ち名古屋でのオーディションに

――インタビューのオファーから1年。お会いできて大変嬉しいです。ありがとうございます。

「普段、富山に住んでることもあって……。コロナ禍ですし、諸事情でお待たせして申し訳ありませんでした」

※**『処女宮　卒業〜グラデュエーション〜』**
h.m.pが新人女優のデビュータイトルとして定期的に発売する「処女宮シリーズ」の1作。内容は、一人きりの卒業旅行を行なっていた舞子さん演じる女子大生が、一軒の別荘に宿泊した際、同じ境遇の男性と偶然出会ったことを機に情事に至るというもの。ビデオのパッケージに使われた写真は、デビュー前、17歳の時に撮影したものである。

夕樹舞子（ゆうき・まいこ）
1995年『処女宮　卒業～グラデュエーション～』（ティファニー）でデビュー。ロリータフェイスにナイスバディ、ナマイキ系のキャラクターで90年代を代表する女優に。中国や香港、台湾などでも爆発的な人気を誇り、「アジアの女神」とも称された。ストリッパーとしても活躍し、マカオや中国など海外でも公演している。

――個人的な話で恐縮ですが、26年前に私の祖父が亡くなり、ショックで途方に暮れていたとき、舞子さんの作品に慰めていただいたんです。本当に感謝しかないです。ありがとうございます。

「いえいえ、お世話様です（笑）。26年前というとデビューの年ですね」

――はい。『**天国まで連れてって**』※という作品でお世話になりまして……。祖父に会いたい気持ちと共に昇天する思いで（笑）。早速ですが、幼少の頃からお話を聞かせていただいてよろしいでしょうか。

「うちは結構貧しい家で、父と母はあまり仲良くなくて、私が3歳の時に離婚したんですが小学2年生ぐらいのときに父と母がヨリを戻して。それまでは結構大人しくていじめられっ子だったんですが、急にバーンと何かが弾けて、いじめっ子側に変わりましたね。女の子とは仲良いんですけど、男の子にヤンチャな子が出てくると、私がヤってやるみたいな感じで（笑）。新潟の十日町という雪の多いところなんですけど、雪の玉を男の子が投げてくると女の子はみんなキャーキャー言って逃げる中、やり返してました（笑）」

――ご兄弟はいらっしゃるんですか。

「はい、4人兄弟の一番上です。妹が年子で、9つ離れた男の子の双子がいるんです。だから、幼少期は、ずっと妹と一緒にいました」

※**『天国まで連れてって』**
デビュー年の1995年7月に発売。舞子さんの通う高校に、教育実習生としてやってきた教師が、幼い頃、一緒に王様ごっこをして遊んだ男の子だったという設定で、彼を王様と呼んで甘える舞子さんと、彼女を狙うもう一人の教師が織りなすスラップスティックストーリー。前作『いたずらベイビー』に続く女子高生が保健室で教師に……というシチュエーションだが、ドラマパートの比重が重い点が特徴。本作に登場する秋吉宏樹は本番NGの男優としても知られている。

――中学生時代はどうでしたか。

「中学1年の頃はヤンキーという感じだったんですが（笑）。2年生ぐらいから雑誌の**『オーディション』**※に応募するようになって。そこからちょっとずつ金髪にするのをやめて、だんだん夕樹舞子の方に近づいていく感じで（笑）」

――当時から芸能指向だったのですね。憧れの芸能人はいましたか。

「今でもそうなんですけど、泉ピン子さんと桃井かおりさん、樹木希林さん。最初は表に出れる仕事があれば何でもやるっていう感覚だったんですけど。音楽、体育、家庭科も好きだけど、他のものは全部嫌いというタイプだったので（笑）。自分にはどういう仕事が向いているのかなと思っていたときに、プロダクションの社長に会って、方向決めようかって歌ったんですよ。そしたら、社長が『歌だけはやめておいたほうがいいよ』と（笑）。芝居はまだやったことがなかったので、芝居と同時進行でグラビア活動をやって、全部揃ってるアダルトが一番早いね、下地をつけるのは最初それがいいんじゃないかということでスタートしたんです」

――そうだったんですね。プロダクションの方とはどうやって知り合ったんですか。

「名古屋のスタジオでオーディションがあって、そこでスカウトされました。**『スター誕生！』**※みたいなものは昔よくありましたよね。オーディションにいくと、プロダクション

※**「オーディション」**
白夜書房が刊行していた芸能誌。俳優、歌手、お笑い芸人、劇団員、レースクイーンなど、さまざまなジャンルの芸能人の募集情報が掲載されている。2020年6月に休刊。

※**「スター誕生！」**
1971年から12年間にわたって日本テレビ系で放送されたオーディション番組。山口百恵や桜田淳子、中森明菜など、この番組をきっかけに多くの歌手がデビューした。同番組出演のアイドルが多数所属したホリプロやサンミュージックが業界の一大勢力と化すなど、日本の芸能界に大きな影響を与えた番組である。

の社長が何人か見ているっていう。当時、高校1、2年生ぐらいの頃で十日町から名古屋まで通ってました」

――ＡＶもやっているプロダクションからお声が掛かったと。

「そうです。マーカスというプロダクションにいたんですけど、当時、**可愛かずみ**※さんが同じ事務所で。ちゃんとしたタレント事務所だったので、ＡＶの人はいないのかと思ってたら、セカンド事務所としてちゃんとＡＶ事務所があったんですよ（笑）」

彼氏の兄からレイプされ男性恐怖症に克服するためＡＶの世界へ

――ＡＶのお仕事に抵抗はなかったのですか。

「初体験がレイプで、男性恐怖症になってしまってそれを克服したいって思いがあって。しばらく男優さんと接するのがダメで、もう泣きじゃくって本当に撮影は大変でした。お陰で大丈夫になりましたけど」

――辛い体験を思い出させて申し訳ないのですが、レイプ被害を受けた相手は誰ですか。

「当時交際していた彼氏の4つ上の兄です。未成年なのでお酒をその辺りで飲んじゃい

※**可愛かずみ**
東京都出身の女優。高校在学時にスカウトされたことを機に芸能界デビュー。映画初主演作は日活制作のポルノ映画『セーラー服色情飼育』。ポルノに出演したのはこの一作だけで、以降は一般映画やドラマで活躍した。

けないから他の家で飲むんですよ（笑）。一緒に飲んで『今日は兄は帰ってこないから、兄のベッド使って』って言われて、彼と別の部屋で寝てたらそこへお兄さんが帰ってきちゃって。それで初体験が終わってしまったんです、17歳の夏でした」

――いきなり寝込み襲われたのですか。

「そうです。その人は地元で名前が通った〝怖い人〟だったので、何も言えないというか。それもあって、地元には絶対いられないなと思って上京を考えました。彼氏は違う学校の同級生だったんですが彼もヤンキーでしたね」

――どうやって彼氏さんと知り合ったんですか。

「悪そうな奴ってだいたい友達なんです（笑）。ちっちゃい町だから、だいたい繋がっちゃうんですよ」

――（笑）。ヤンキーだったけど奥手だったのですか？

「そうですね。当時は〝ヤリマン〟という言葉を付けられると、もの凄く恥ずかしいというか、レッテルをずーっと外せなくなる。だから、私の周りでもヤリマンにはなりたくないっていうので、なるべく奥手でいるようになってましたね。ちょうど、ギャルが流行りだして、援助交際がスタートしていて、東京の人間じゃないからというところがみんなあったんでしょうね（笑）」

――逆にそんな感じなんですね。レイプの話は彼氏さんにされたのですか。

「してないです。遠回しに誰かから聞いたりはしてたんでしょうけど、兄弟だから関係性がおかしくなってしまうんじゃないかと思って言ってないです。そのお兄ちゃんのこと知らない人ではなかったのでとにかくショックが大きくて。彼とも自然に会わなくなっちゃいました」

夕樹舞子の名付け親は明治神宮の神主撮影現場で18歳の誕生日を迎える

――そういった辛い体験があってＡＶの世界に飛び込むことになったのですね。それまでＡＶを観られたことはあったのですか。

「1つも観たことないです。だから、何の先入観もなく、自然に撮影に入れたんじゃないかと思います。最初は、グラビアをやってたんです。17歳の時に『BiSHOP』※という雑誌にアイドルとして本名で出たんですよ」

――宝生舞さんが表紙の雑誌ですよね。私、それ持ってます。

「え、ありがとうございます（笑）。創刊号から3号連続で載りました」

※『BiSHOP』
笠倉出版社が発行していた雑誌。95年2月に1号が発売されて5号で休刊した。西村知美、かとうれいこ、宝生舞、山口リエ、渡辺美奈代らが表紙を飾り、最終号となった5号にはグラビアアイドル時代の浜崎あゆみも登場している。「New Type 美少女アイドルマガジン」を謳っており、雑誌内では一般の女優やアイドルと同時にAV女優が頻繁に取り上げられていた。舞子さんは1～3号は本名で、4号には夕樹舞子名義で登場している。

オーディションに合格し、芸能界に入った舞子さん。
アイドルとして活動後、18歳になるのを待ってAVデビューだった。

――夕樹舞子というお名前はどなたが付けられたのですか。

「事務所の社長が明治神宮の神主さんに私の本名を見せて、こういう風なお仕事をさせていきたいから、名前をつけて下さいと頼んだんです。そうしたら名前の中に月と水か何かが足りないみたいなことを言われて、〝夕樹〟で補おうというので、その名前ができたんです」

――ネーミングセンスが素晴らしいですね。最初はアイドルとして雑誌のお仕事が中心だったのですか。

「そうですね。17歳だとヌードになれないから笑顔の練習とか発生練習とかもしてました。私の宣材写真って手ブラだったんですけど、実はあの時まだ17歳だったから手で胸を隠してたんです（笑）。それで18歳の誕生日を迎えた日にビデオを撮ったんですよ」

――デビュー作の『処女宮』のパッケージ、確かに手ブラでしたね（笑）。いざＡＶ撮りますってなった時に抵抗はなかったんですか。

「撮影に行くのが嫌で髪を短くすれば行かなくて済むと思って自分で切ったんです。そしたら左右の長さがまばらになってマネージャーに美容室連れて行かれて、それでショートカットが誕生（笑）。私は本番をやってないから思ったほど抵抗はなかったんですけど、キスはどうしても嫌でしたね。何回もイソジンして歯磨きして」

本番はこれまで一度もなし パッケージ写真に1日、2日掛けて撮影

——本番ではなかったのですね。

「はい。私の作品は全部本番なしで。〝復活の本番〟っていう謳い文句の作品も、また本番じゃないいんですよ（笑）。実はこれまで本番は1本もないんです」

——えーっ。**2010年に復活**※されたときもですか。

「本当にごめんなさい。潮吹きも『あーっ』って声を出したら、〝お茶〟が吹き出すようになってるんです（笑）。ホースがここ（といって足の付け根を指す）から出てきて、イクーッというときに水を噴射する機械。あれ、実は私が最初なんです。女優さんみんな喜んでくれたみたいで、作ってくれてありがとうございましたって（笑）。私が最初のものって結構あるんですよ。カットしたバイブって分かります？ AVでバイブを使うとき、こんなの入れるぞーって男優さんが見せるじゃないですか。でも、入れるときは上がないカットされてる状態。ウイーンって手の動きだけは見えるけども、入ってないから女の子は楽なんですよね。バイブでぐりぐりやられると痛くて、スタッフさんに相談したら作っ

※**2010年に復活**
舞子さんは1996年に一時休業した後、1998年に『復活の女神』（ヴィーナス）で復帰。2000年に引退し、2010年に『復活 夕樹舞子』（ダスッ！）で電撃復帰している。

てくれました」

——ＡＶ業界に貢献されてますね（笑）。

「スタッフさんが苦労して作ってくれたのが、未だに継承されているんですよね」

——レジェンド女優の皆さんにインタビューさせていただいたとき、最初は疑似からスタートして本番になっていく方が多かったのですが……。

「やり方がうまいんですよ。本番したらギャラちょっと上がりますよとか言ってきたりするんですけど、お金の問題じゃないでしょって。お金は欲しいけど1回やっちゃったらずっと継続しなくちゃいけないし、そうするとハードなことがどんどん増してくるから、身体が壊れちゃうなって思って。本番じゃないからって、もちろん適当に撮っていたわけではないですよ。監督さんやスタッフさんは、本番じゃないからこそ、カットカットで時間も倍かかるってよく言ってました」

——今はそれこそ1つの現場で3本ぐらい撮ったりされてますよね。

「当時はパッケージ写真だけでも1日、2日掛けて撮影してました。イメージ撮影だけで1日とか。イメージの部分はみんな早送りしちゃうところじゃないですか（笑）。とにかく照明を作るのに凄い時間がかかって」

——凄いですね。昔の作品は短かったですよね。今は2時間、3時間が当たり前になってますけど。

「全部で1時間ぐらいで、長くても80分あるかないか。ちょっとイメージみたいなものを入れたり、インタビュー入れたりとか」

——舞子さんは**ストーリー性のある作品**※が多かったですよね。

「うちの事務所は可愛かずみさんももともと日活だったし、AVに関してもピンク映画の延長みたいなイメージではじめた部分もあったんじゃないですかね。日活は2、3本出ましたけど、本当に凄く大変ですね。あの現場を踏んだら、他に怖いものはないぐらい。演技指導とか厳しくて凄く勉強になりました」

デビュー前から親公認 深夜番組に家族総出演、近所の人まで

——デビューされて、いきなりブレイクされたじゃないですか。ご両親含めて周りの人の反応はいかがでしたか。

「両親にはデビュー前から話をしていたんです。社長も両親の許可をとるために、わざわざ実家にきて土下座までしてくれて。だからうちは親公認なんですよ。父は『NHKに出

※**ストーリー性のある作品** 絡みのシーン以外は早送りするユーザーも多いが、舞子さんの主演作は設定や演出の完成度が高く、一本の映像作品としても見応えのあるものが多かった。90年代前半頃まではAVの制作スタッフは、監督、カメラマン、照明など映画の世界から流れてきた人材が主流で、その知識や経験をAVの世界でも生かそうとする人が多かった。特に日活ロマンポルノなどの作品を手がけたスタッフには物語にこだわる人も多かったという。舞子さん自身も日活の現場を経験したら他に怖いものはないぐらいハードだったと当時を振り返っている。

たら認めてやる』と言って許してくれました。絶対にＮＨＫに出るからって約束をして」

――１９９８年にＮＨＫのドラマ『**青い花火　女ふたり愛を求める心の叫び**』※に出演されましたよね。ご両親との約束を果たされたわけですね。

「だけど、妹や弟は学校でお前の姉ちゃんアダルトビデオに出てるだろ？　みたいに言われて嫌な思いをさせてしまって。そういえば『トゥナイト』という番組でうちの家族にインタビューを敢行する30～40分の特集企画があって、妹が『昔は姉さんのこと大嫌いだったけど今は尊敬してます』とか言っちゃって（笑）。両親も出演して近所のおじちゃんおばちゃんもみんな一緒になって、布団のシーツに『おかえり』とか書いてくれてて（笑）」

――あの頃のお色気番組とか今観るとぶっとんでますよね。日テレ『**ロバの耳そうじ**』※に出演されたり、サンテレビの『**おとなのえほん**』※でも舞子さんをよく拝見していました。

「すみません。『おとなの絵本』では本当に酷いことをしてました（笑）。大阪の南にある三角公園のそばにスタジオがあって、月に2回の収録で、隔週で大阪に行って撮影をしてましたね。海のそばにある堤防みたいなところで、いつもコマーシャルに入る前のアイキャッチを撮るんですけど、好きなこと言ってっていうんですよ。ギリギリ、ダメならダメって言うからって頼まれるから『バカー、ハゲー、もういっちゃたの～ダッセーっ！』とか、今だったらＮＧなことを毎回連発してました（笑）」

※**「青い花火　女ふたり愛を求める心の叫び」**
１９９８年11月28日にＮＨＫ総合テレビで放送された1話完結式のドラマ。桃井かおり演じるアダルトビデオの編集者と自虐的な性格の出演志願者との交流を描く。ドラマは高く評価され、１９９８年度の放送文化基金賞、ギャラクシー賞を受賞した。

※**「ロバの耳そうじ」**
１９９４年10月から1年半にわたって日本テレビ系列で放送されたバラエティ番組。ニュースキャスターに扮したローバー美々が大股を開き、ふんどしに書いている言葉を見せる「ローバー美々の大股開きニュース」を名物企画としていた。この番組終了以降、日本テレビ系列で露骨なお色気番組は製作されていない。

――それ強烈なインパクトで覚えてます（笑）。調べてみると、『ギルガメ』には出演されていなかったようなのですが、それはなぜですか。

「うちの社長がお尻とオッパイはテレビで出すなと言ってて。『ギルガメ』は露出が激しいからダメだって言われて出てないですね」

――ちゃんとした事務所さんですね。当時はちょっと生意気なキャラクターも受けていたと思いますが、それも事務所の戦略ですか。

「いえ、そのまんまの私です。本当にごめんなさいですよ。自分ではわがまましてるつもりはないんですけど、調子こいてたんでしょうね。周りがお姫様扱いしてくれるし、自分も勘違いしているんですけど、誰も注意してくれないし、怒ってくれる人もいなかったので。気付けよ自分って、今なら思うけど（笑）」

香港で海賊版が流出しアジア全土でブレイク
車屋P社の社長から「一晩4000万でどう?」

――海賊版が流出して海外でもブレイクされましたね。

「香港の会社が、私の写真集を撮るというので、現地に行ったんですよ。それで成田空港

※『おとなのえほん』
サンテレビ制作の深夜番組。1990年に放送した『おとなの絵本』を前身に、何度かタイトル変更を経てリニューアルした。内容は関西出身の落語家やお笑いタレントとAV女優が出演してエロを題材とした企画を行なうというもので、番組内では新作AVを毎週紹介。今では大御所になったタレントが多数出演したことでも知られている。

の搭乗待合室で待っていたら、なぜか周りにいる男の人がみんな『**ビデオボーイ**』※とかエロ本を持ってるんですよ。なんでだろう、って思っていたら『サインください』『サインください』ってみんな集まってきて」

――集まってきたのは、香港の方ですか。

「そう。え、まだ日本だよね？　こんなにいっぱいファンがいるの？　っていう状況で。それで飛行機に乗って香港についたら、もう入国審査から違うんですよ。普通の旅行者とは違うところに誘導されて、そこからまるで拉致されるみたいにＳＰの人たちが６人くらいガッと私のところにきて、１人だけロールスロイスに乗せられて……。マネージャーは別の車だったから、私いったいどこに連れていかれるんだろう、怖いよ、怖いよって（笑）。で、車が止まったら会見場で。いきなり記者会見をやらされて」

――そういうのをやるっていう話は聞いてたんですか。

「なんにも聞かされてなかったです。マスコミはすごい数が集まっているし、なにがなにやらという感じでした。でも、撮影は楽しかったですね。**九龍塘**※まで行って飛行機が降りてくるところと一緒に撮影して。ＡＮＡの機体って、ロゴの色がブルーじゃないですか。当時、ナイキのエアマックスが流行ってたときで、ブルーのやつを履いて飛行機が降りてくるところでカンフーのポーズをとって、それを撮るっていう。ブルーとブルーを掛けた

※**『ビデオボーイ』**
１９８４年に英知出版が発刊したグラビア雑誌。前年に刊行された『月刊ビデオボーイ』と混同される機会が多かったが、両誌はまったくの別物である。雑誌の内容は一般アイドルのグラビア写真と新作ＡＶの紹介を兼ねたもので、最盛期には12万部以上の売り上げを記録した。ビデオブームの象徴として「朝日年鑑」で紹介されたことがある。

※**九龍塘（ガウロントン）**
香港の九龍地区にある高級住宅街。１９９８年に閉鎖された啓徳空港が近く、飛行機が低空を飛んだため、香港にしては珍しく低層住宅が多かった。

んだなって（笑）」

――面白い写真ですね、見てみたいです。

「マカオの銃弾の跡が残ってるところで、裸で写真を撮ったりもしましたね。あの厳しい時代に、よく外でヌードなんか撮れましたよね。そのあとまた香港からオファーがきて、次は海賊版撲滅キャンペーンで行ったんですよ」

――その時もやっぱり凄かったですか。

「このときもヤバかったですよ。ＳＰがガッツリついて。香港メディアの記者会見もやったんですけど、とにかく質問攻めで。大坂なおみちゃんじゃないけど、もうヘンなこと聞くのやめない？　みたいな。『舞子さん、これまでセックスして一番気持ち良かったのは誰ですか？』とか、これ以上聞くならもうヤダーッって思うような質問ばかりで。さっきから本番やってないって言ってるのに『一番気持ちいい男優は誰ですか？』とか執拗に聞いてくるんですよ。そういうのが一日中ずっと続いて、休憩時間もろくにくれなかったですからね。トイレ以外はずーっと記者が同行。向こうはマスコミが一番ですから、記者さんに嫌われたらもう生きていけないんですって」

――ＡＶ女優のイメージは香港と日本では違うのですか。

「全然違います。最近は、そんなに差がなくなっちゃったみたいですけど、私が行ったときは、普通の女優さんより格が上という感じでした。珍しいというか、香港にはいないっていうのもあったんでしょうけど」

――当時の香港のセレブや要人から口説かれたりしなかったんですか。

「事務所の社長に後から教えてもらったんですけど、有名なPって車屋さんあるじゃないですか。そこの香港支社の社長さんから『一晩4000万円でどう?』ってお誘いがあったそうなんです。事務所の社長は、私の性格を知っているから断ったって言っていたけど、行っていたら今頃ビルが建っていたかも（笑）」

――台湾では日本人のAV女優さんと交流できるツアーが人気だと聞きました。そういうものには参加されなかったんですか。

「私が行って向こうのファンの人とごはん食べるとか、そんな感じのものはなかったですね。そういうの、やってみたいかも（笑）」

――私が調べたツアーの代金は約18万円でした。オプションでAV女優を指名できたり、性行為を生で観られるツアーもあるなんて噂を聞いたことがあります。

「えーっ、そんなのあるんですか？ **マジックミラー号**※を向こうに送っちゃう感じね（笑）。そうそう、思い出した。私、イメージビデオを香港で撮ってるんですよ。その撮影で、香港のファンのお宅にお邪魔したことがありました。洗濯物が外にたくさん干してあ

※**マジックミラー号**
AVメーカーのソフト・オン・デマンドが所有するAV撮影用の移動スタジオを設置した自動車のこと。スタジオに設置された鏡は、内側からしか外の様子を除けない仕組みになっており、そこで女優が服を脱ぐことで、あたかも公衆の面前で脱いでいるような錯覚を与える効果がある。この効果は、ソフト・オン・デマンドの創業者である高橋がなりが、テレビのバラエティ番組の仕掛けを参考にして考案したもの。

香港では超VIPレベルの歓待を受けたという舞子さん。
現地ではテレビ番組のリポーターを務めたこともあったという。

る、小さい部屋がいっぱいのビルがあるじゃないですか、そこに行ったんです。すごく生活感があって、面白かったですね。その人のベッドに寝そべったりとか」

――ファンは大歓喜ですね。今、日本がやってるようなことを先取りしてますね。

「当時の香港の撮影スタッフって、こだわりが本当に凄いんですよ。似たようなシーンを何回も撮影して、あとで観るとそれを合成してＣＧみたいにしてたり。なんで私、とうもろこしをなめているんだろうって思っていたら、なるほどこうしたかったんだって（笑）」

――アジアでも大ブレイクされましたが、その理由ってご自身はどう分析されてますか。

舞子さんがなぜアジアでブレイクしたのか論文を書いてる人もいて、その方の分析によると、性的でありながら、受動的なところがウケたんじゃないかって話なんですけど。

「何となくですが、わがままで強気なのが良かったのだと思います。最近、中国の映画をよく観るんですけど、やっぱり負けん気のある子の方が好まれるんじゃないかなって。まあ、実際の私はアダルトの撮影現場で恥ずかしくて泣きじゃくっていたわけですけど」

――他人に裸を見られることは、どういう風に克服されたんでしょうか。

「しばらくメイクさんと２人っきりにしてもらったりとか。なかなか現場に出ていかなくて、いま思えば本当に酷かったですね（笑）。メイクを直してもらったのに、また泣くし、初期の頃はほとんどすっぴんで撮っていたくらいでした。でも毎日現場が違うしスタッフさんに色々なことを教わるし、衣装とかヘアメイクとかしてもらうと、女の子はどんどんテンション上がりますから、それはやっぱり楽しかったですね」

超大物お笑い芸人との思い出 スポーツ紙に載るも…

――芸能人の方との交際や交流というのはあったんですか。

「名前を出せる人なら、亡くなったけどお笑い芸人のK・Sさんかな。Kちゃんとは飲み友だちで、指輪をプレゼントしてもらって付き合おうかみたいな雰囲気になったことはあったんだけど、だいぶ年上だし、いや〜まだちょっとって言っているうちに、スポーツ紙に載っちゃったんですよ。それで結局、最後までお友だちのままでしたね。私の弟と一緒に飲んでくれたこともあって、あー、姉ちゃんの弟で良かったって（笑）」

――それはおいくつぐらいの話ですか。

「『不倫　furin』※という写真集を出したころだから、25歳のときですね」

――定価8400円の超大型写真集ですよね。しかもタイトルが『不倫』。Sさん、結婚してないですけど（笑）。Sさんとはどこで知り合われたんですか。

※『不倫 furin』
〝ヘアヌード〟仕掛け人として知られ「毛の商人」の異名を持つ「モッツ出版」代表の故・高須基仁プロデュースの写真集。発売された2000年代初頭は小林ひとみをはじめ豪華な装丁が施された高額の写真集が流行しており、同書籍も8400円で販売された。掲載された写真は非常に芸術性が高く、購入者の多くがアート感覚で鑑賞していたという。

「Ｋちゃんが私のファンで『会いたい』と言ってるとＡＶメーカーの方に紹介されたんです。Ｋちゃんは誰に対しても偉ぶることがなくて、シャイで男気がある人でした。舞台に興味があったみたいで、ロック座のステージのことをすごく聞かれたのを覚えてますね。スポーツ紙に書かれたとき、Ｋちゃんからすぐに電話があって『俺が凄いイイ人みたいになっちゃってるよ』って。私がＫちゃんから車を買ってもらって、マンションの家賃も全部出してもらっているみたいに書かれてたから。『売名みたいになって、ごめんなさい』って謝ったら、Ｋちゃんは『写真集が売れたんなら、いいよいいよ』って」

――懐が深いですね。ほかに芸能人の方との交流はありましたか。

「あとは野球選手かな……。昔、『**フュージョン**』※ていう水槽のあるキャバクラで働いてたんですけど、そのときによくきてくれる人はいました。でも、一線は越えないようにしてましたね。『口は柔らかく、下は固く』ってお店の人にずっと言われてましたから（笑）」

12本出演で契約金は3億円 AVよりも儲かった仕事とは？

――舞子さんの作品は、すべて万単位のセールスを記録したそうですが、当時のギャラっ

※**フュージョン**
六本木にある会員制ラウンジ「フュージョンラウンジ」のこと。２０１９年から系列店が多く入居するビルに移転。一般的なキャバクラとは違い、スタッフの女性は露出度が少ないカジュアルな服装を身に纏っているのが特徴。

ておいくらぐらいだったんですか。

「どんな仕事をしても月100万しかもらえませんでした。〝しか〟なんて言うと、『えーっ』て思われるかもしれないけど、当時は、ほとんど寝ずに毎日休みなく働いていましたからね。1年契約で12本なので1200万円は入ってきたんですけど、それ以外は一切貰ってないです」

——当時、舞子さんが12本契約を結ばれたとき、週刊誌の『FLASH』に「3億円の契約金」という記事が載りましたよね。この高額の契約金も〝夕樹舞子伝説〟の一つになってるかと思いますが。

「その契約金の話、なんか私も聞いたことがありますね。でも、それは事務所がいただく金額です。私は30分の1（笑）」

——当時、タワーマンションに住んだりとか、生活の変化はあったんですか。

「ビデオのときは全然ですよ。あとでロック座でストリップをやりだして、同時進行で『フュージョン』で働き始めてからは、タワーマンションに住んだりもしましたけど」

——これまでに一番儲かったお仕事は何ですか。

「やっぱり、**ロック座さんの舞台**※が一番だったと思います。舞台の出演料のほかにいただく、お花代が大きかったです。お花代は、お客様からいただくチップのことですね。当時

※**ロック座さんの舞台**
浅草六区にある、ストリップ劇場「ロック座」のこと。舞子さんは1999年にストリップデビュー。ロック座で初舞台を踏んでいる。

はステージに上がると、けっこうな額のお花代をいただけましたね。そのほかに差し入れなんかももらいましたし。でも、お姉さん方にはいじめられましたね。いただいたお花が捨てられているなんていうのはしょっちゅうだったし、衣装がズタズタに切られたりとか。出番が終わって差し入れのケーキを持って上がろうと思ったら、もうないんですよ。どこに行ったの？　って聞いたらゴミ箱に入っているよって」

――やっぱり、嫉妬というか、やっかみもあったんでしょうね。

「『身体よりデカい花もらってんじゃねえよ！』って言われたり、最後に幕が閉まるとき、お客さんにバイバイってしていたら、舞台袖からすごいヤジが飛んできたりとか。でも、私もそれなりのことをしていたと思うんですよ、きっと（笑）」

――ロック座さんには何年ぐらいいらっしゃったのですか。

「15年ぐらいかなぁ。引退も何も言わないで辞めちゃったので。私、涙もろいから全然話にならないと思ってさよなら公演とかやってないんですよ。お客さんが泣いちゃう、こっちはもっとダメで」

――しかし、タフですよね。

「にんにく注射、打ってましたもん。昔、赤坂内科っていう病院があって、川崎ロック座に行く前は必ず打っていたから風邪を引いたことがないし、インフルエンザになったこと

※『劇場版新世紀エヴァンゲリオン　Ａｉｒ／まごころを、君に』
１９９７年に公開された『新世紀エヴァンゲリオン

もないし。エナジードリンク、一生分飲みましたね（笑）」

『エヴァンゲリオン』撮影秘話
『GTO』にも出演予定だった

――97年に映画『劇場版新世紀エヴァンゲリオン　Air／まごころを、君に』※に出演されましたが、撮影はどんな感じだったのですか。

「祖師ヶ谷大蔵にある円谷さんのスタジオでガラスの透明のかごの中に裸で入って、身体中に管を付けられて、絶対動いちゃいけないんですよ。だから、トイレに全く行けないし辛かったですね。凄い大きいスタジオで寒いし、ずっと1人裸で。大変でしたね。でも私のシーンはテレビだとカットされちゃうんですよね、残念（笑）」

――たしかに、テレビ放送時に放送されなくてガッカリしました。

「親戚の子とかに自慢できるから出てよかったとは思うんですけど（笑）。そういえばエヴァンゲリオンのスーツ着て絡むAVにも出ました。私のAVはけっこう酷いのがあるんですよ。着ぐるみ着て、なんでやねんなんでやねんってお笑い芸人が出てくるやつとか」

――2002年に『スーパーエロリーマン　課長痴魔耕作』※というエロティック・コメ

劇場版Air／まごころを、君に』は、テレビアニメ版の完結編にあたる作品で、前衛的かつ厭世的な作風が特徴だった。舞子さんは、本編に挿入された実写場面の女性の裸体を担当している。同作には他にも性行為をイメージさせる描写や倫理的に問題がある場面があり、テレビ放送の際はそれらがカットされることが恒例となっている。

※**「スーパーエロリーマン課長痴魔耕作」**
これまで、異端の特撮作品を多く手がけた映画監督・河崎実によるエロティック・コメディ。スーパー課長・痴魔耕作がエロテクニックを駆使して様々なトラブルを解決するというもので、「どんなオンナの股もこじあける！」をキャッチコピーとしていた。

ディにも出演されてますね。

「あの現場は本当に酷かった（笑）。疑似なのに男優さんが『俺、今日、いつもより長く保つからね』なんて張り切っているの。それで、よーいスタートってなったら『あー、もういっちゃう』って3秒で（笑）」

――98年には**ドラマ『GTO』**※第11話で、藤木直人さん演じる冴島が入院中の鬼塚へ渡した差し入れが何と舞子さんの**『止まらない気持ち　ハートをノックして』**※というアダルトビデオ（笑）。これは事前に連絡があったのですか。

「あれはもともと、私が出る予定だったんです」

――えーっ！　舞子さんが出る予定だったんですか。

「そうなんです。諸事情で出られなくなったので、せめてビデオだけでも使うかぁって。なに勝手に使っとんねんって。だったら出たよーって（笑）」

中国政府からオファー江沢民の生誕地でダンスショー

――2007年には、マカオにある高級ホテルグランド・リスボアの劇場でメインダン

※**ドラマ『GTO』**　1998年に放送された同名漫画を原作とするテレビドラマ（フジテレビ系列放送）。このドラマでの共演がきっかけで後年、主演の反町隆史は女優の松嶋菜々子と結婚することになる。

※**『止まらない気持ち　ハートをノックして』**　1998年5月発売。2年間のブランクを経てリリースされた作品で、インタビューの際、加藤鷹から「2年のブランクの間、なにか変化あった？」と聞かれて「Hの回数が減った。前より慎重になった」と答えている。今は亡きベテラン男優・沢木和也演じるマネージャーと舞子さんとのピュアなラブストーリーにも注目。

素顔の舞子さんは、とても話し上手でユーモラスな方だった。
ドラマ『GTO』に出演する舞子さんを一目見たかった。

サーとしてショーをされたそうですが。

「花魁《おいらん》をやってたんですけど、花魁がカジノ・ホールの場内のビックスクリーンでずっと流れているというもので、内容はロック座と同じようなショーでしたね」

――向こうでの生活はどんな感じなんですか。

「約1か月間、お昼から夜まで1日6回公演で、めちゃくちゃハードなんですよ。公演期間の10日前に前乗りして、レッスンと準備をして、次の子たちと入れ替わってっていう、本格的で大変なことしてましたよ」

――お客さんは目が肥えた方が多かったのではないですか。

「肥えてます。だから、日本でもっと練習してからじゃないと通用しないんじゃないかと不安になりましたね。私も勉強のために、マカオで色々なディナーショーを観に行きました。ロッテホテルとか、カジノがあるホテルでディナーショーがあると、終わった後でカジノにいっちゃったりして。持っているお金を全部使っちゃって『お給料、前借りさせてください』なんて言っている子もいましたね。そうしたら、マカオのホテルの社長がいつでも貸すよ～って。こうやってみんなドツボにハマっていくんだなって（笑）」

――活動が本当にグローバルですよね。

「香港やマカオじゃなくて、中国本土で踊ったこともありますよ。中国の揚州というところがあるんですね。江沢民さんの生誕地みたいなんですけど、そこで中国政府の関係者の依頼で、ロック座は関係なく、一度ショーをしているんですよ。政府関係者が泊まる貴賓館に泊めていただいて。私と**東洋ショー**※の女の子2、3人連れて行って、警察官たちの前で軽くダンスショーをして」

――えーっ、凄い。露出OKなんですか。

「いいえ、ダメだから後ろ姿で下着を取ったフリをするんですけど、私、本当にとっちゃって（笑）。警察官の方は、バックステージにいたから見られちゃったんです。観客の人には見えなかったからセーフだけど。ただ、そのとき中国で下着モデルをしていただけの日本人の学生さんが捕まっていたんですよ。だから、一歩間違えたら危なかったなって。何の保障もないし誰も助けてくれないから、何かあったらどうしようって心配でした」

2010年にAV復帰
その後、銀座でスナックラウンジを経営

――2010年にAV女優として復活されましたけど、復帰理由ってなにかあったんでしょうか。

※**東洋ショー**
大阪市北区に所在するストリップ劇場「東洋ショー劇場」のこと。1964年開業と、半世紀以上の歴史を持つ老舗。かつては全国各地に同名のストリップ劇場が存在したが、次々と閉館し、現存するのは同店舗のみである（それぞれの店舗の関連性は不明）。AV女優やAV出演歴を持つ女性がステージに立つ機会が多く、東京・浅草のロック座と並ぶ日本のストリップのメッカとなっている。

「新しいビデオのレーベル『**プレジデント**』※を立ち上げる時の最初の女優ということでお声掛けいただいて。初本番というタイトルだったんじゃないかな。その頃、瞳リョウちゃんとか結構いろんな子たちの復活が流行ってて是非お願いしますと」

――他6本の単体作品に出演されましたね。

「一番最後の知ってます？　温泉で100人ぐらいの女の子たちと100人ぐらいの男性が交わるやつで私、謎の女で出てくるんです。アパホテルの社長の帽子みたいなもの被って出てきて「ヤッておしまい」って（笑）。いろんな事務所のトップ女優さんたちを集めて、伊東の旅館を一戸借りて、プールがついてるところで合同のお祭り的な。あちこちでアーンとかやってるでしょ、アオーンって犬まで遠吠えしちゃって凄かった（笑）」

――90年代のデビューの頃と、2010年の復活された頃とでＡＶ業界の違いというのを感じられましたか。

「撮影自体が早くなって、ものすごく簡単になったと思いました。あと、お弁当がしょぼくなった（笑）」

――当時とギャラとかも変わりましたか。

「結局、私は変わってないんですよね。疑似だから一律そのような金額で」

――2010年のあと、10年ぐらいはお店をされていたのですか。

※プレジデント
かつて存在したＡＶ製作メーカー「北斗」の1レーベルであった「ミスター・プレジデント」のこと。2000年から独立化して名義を「ムーディーズ（MOODYZ）」に変更。当時の人気ＡＶ女優だった金沢文子や鈴木麻奈美が同レーベルのＡＶに出演した。現在はYouTubeに「MOODYZチャンネル」を開設して、新人ＡＶ女優のPR活動を行なっている。

「銀座で『**SHUNGA**※』さんの系列の『遊里』というお店で働いて、そのあと2015年にスナックラウンジ『ディアーナ』というお店のオーナーをやってました。家賃が高かったから半年で辞めちゃったけど」

――そのあと銀座でガールズバー「SHY（シャイ）」をプロデュースされてますね。

「大学生がリクルートスーツみたいなものを着て接客するお店で、私も着てました。その下の階で熟女クラブもやってたので行ったりきたりですよ。すぐ着替えて下降りておばちゃんの服着て。上に行ったら若い子の格好して（笑）。銀座って売り上げ制だから掛け持ちアリなんです。ちゃんと話をして分かってもらえれば、お客さん連れて隣りのお店に移動しても売り上げバックとかできるんですよ。『借りたものは洗って返せ』っていうシステムなんです」

タニマチは老舗パン屋の会長 一番の贅沢とは？

――高級ブランドや海外旅行とか、これまでされた一番の贅沢って何ですか。

「う〜ん、なんだろう。食事かなあ。銀座時代は**タニマチ**※がいたから、ごはんをごちそう

※**SHUNGA**
新橋にあるAV女優専門の熟女キャバクラ。加山なつこ、佐藤美紀、小池絵美子、艶堂しほり、横山みれい、青木りんなど有名熟女女優が多数在籍している。仙台にも系列店がある。ただし、仙台店はコロナ以降、カラオケスナックとして営業をおこなっているという。

※**タニマチ**
ひいき筋に散財する客、無償スポンサーのこと。もともと相撲用語で力士の後援者を指したが芸能界でも幅広く使われる。「浅草ロック座」名誉会長の故・斎藤智恵子は伝説のストリッパーとして活躍し、故・若山富三郎や故・勝新太郎など下町出身の〝芸能人のタニマチ〟として知られる存在だった。

になったり……。食事代が※**エルメスのバーキン**を買えるんじゃない？　という金額だったりとかはびっくりしましたよね。『この牛肉1切れいくらかわかる？　これ家賃ぐらいだよ』って。そう言われてもピンとこないし、味の違いもそんなに分からない。タニマチの人に連れて行ってもらったごはんが一番贅沢だったと思う」

――そのタニマチの方はどういう方だったのですか。

「もう亡くなられたんですけど、有名な老舗のパン屋さんの会長さんです。会長はお相撲さんや有名芸能人、あと紅白に出たことがある歌手のタニマチもしていて、私の知らない世界を知ってる人だったんで、やっぱり凄いなぁって思いましたね」

――どんな方だったんですか。

「飲み方がきれいで、とても粋な方。あまり儲かっていないお店に行ってあげて、売上に貢献してあげるような人でした。会長はクラブに行っても、コーヒーしか飲まないんです。それで最後は朝の5時ぐらいにデニーズとかのファミレスに行って、『舞子、明日は仕事か？　もうちょっといいだろ？　眠れないんだよ』ってずーっとコーヒー飲んでるの。面白かったなぁ。いまタニマチなんて聞かないですよね」

――それはいつぐらいのお話ですか。

「ロック座で働いてたころはずっとタニマチしてもらってたから、5、6年ぐらい前かな。

※エルメスのバーキン
フランスのファッションブランド・エルメスが販売する女性用バッグのこと。販売価格が数百万円に及ぶため、世界中の富裕層や王族が愛用することが多く、成功者のシンボルとして見なされている。「バーキン」という名の由来は、1981年に当時のエルメスの経営者が飛行機の中でイギリス人女優のジェーン・バーキンと隣り合わせになったことから。なお、バーキンの素材にはワニの皮が使用されることがあるため、動物愛護の観点から、現在のバーキンは自身の名前が使用されることに反対しているという。

ロック座に温かいパンが届くの。工場が近いからとか言って」

ＡＶ女優になって良かった 過去の作品は好きに観てください

――ＡＶ女優になって良かったと思いますか。

「本当に思います。まさか、こんなに大勢の人に認知してもらえるとは思わなかったし、今でもこの名前でごはん食べれてるし。ありがたいですよ」

――今、お仕事ってなにが中心なんですか。

「コロナ禍になってからは、なにもしてないです。前のようなバカみたいな暮らしはやめて、節約して昔の蓄えで生活してます。銀座にいたころは、服装や身につけるものも派手な生活してましたからね。それなりのモノ持ってましたけど、全部メルカリに出して軽くなりました（笑）」

――舞子さんにすごくお会いしたかったんですけど、当時とイメージがもし違ってたらどうしようって自分の中で思ってたんです。でも、今でも現役で踊ってらっしゃるようにおきれいですし、雰囲気も変わっていらっしゃらなくて嬉しいです。

「もし私って分かってもらえなかったらどうしようって（笑）。化粧すること自体、ほんと久しぶりでどうやってやるんだったっけって。有楽町のデパート行って最新のファンデーション買いましたよ（笑）」

――夕樹舞子ブランドを落としちゃいけないという意識はお持ちですか。

「それはあるかもしれないですね。心のどこかでもういいじゃんって言ってる自分もいるんですけどね。なにもしてないけど太っちゃいけないと思ってるから、一生懸命運動したり、食事にも気を遣ったりはしますよね」

――ファンの方から、Twitterにダイレクトメッセージとかこないですか。

「すみません。ＤＭはほとんど返信しないです。メールするにしても『ありがとう』『おやすみ』『そうだね』とかそんな片言のレベルなんで。今の人たちはみんなデジタルに長けていますよね。私は１日ほとんどケータイを触らない人なんで、なくても全然平気なの」

――女優さんの中には**過去の作品の配信停止を希望**※される方もいます。そのことについてはどう思われますか。

「難しい問題ですよね。昔の作品が売れても、ご本人にお金は入らないんですよね？　自分の知らないところで、昔の作品が売られ続けているわけですから、私自身は女優さん、監督や脚本家などのスタッフにも売れた分のロイヤリティを払うべきだと思う。そういうものがあれば、色々なことが変わるはずですよね」

※**過去の作品の配信停止を希望**

２０１６年に起きた「ＡＶ出演強要問題」を受け、業界の健全化を目指して２０１７年に第三者機関の「ＡＶ人権倫理機構」が設立された。出演作品の配信停止を希望する場合は、この機構を通じて各メーカーと交渉できるようになっている。

――ネットで過去の作品を観られたりすることにはまったく抵抗ないですか。

「ないですね。好きに観てーって感じ。むしろ、未だに観てくれる人がいるってすごいことだし、ありがたいなと思うんです」

――もう復帰はされないのですか。

「私、疑似だから誰も撮ってくれないと思う。疑似でもよければね（笑）」


デビューのきっかけがショッキングなだけに、何となく暗い影を感じていたのだが実際の舞子さんはとても快活なエンターテイナーでそのギャップにまたヤラれてしまった。

アジア圏を中心に爆発的な人気を誇り、その人気ぶりは現地で「映画スター並み」とも報じられた舞子さん。ご自身ではブレイクの理由を「わがままで強気なところが受けたのでは」と分析する。きっと様々な苦難を乗り越えて鍛えられ、想像を絶するスピードで人生を駆け抜けてこられたのだろう。その人間力と天性の愛されるキャラクターを目の当たりにして「そりゃ売れるよなあ」と妙に納得させられた。

高級ブランドやタワーマンションをやめて今は富山で静かに暮らしているというが、まだぜひ芸能の世界で活躍を見せていただきたい。あの頃よりも令和の夕樹舞子のほうが艶っぽいのでは？　まだまだこれからの伝説に期待しています。

colum 02 お色気番組・栄枯盛衰

80～90年代は「トゥナイト」「TV海賊チャンネル」「ミニスカポリス」など、お色気深夜番組が多数放送された黄金時代。日本ではいつからお色気番組をやっていたのか。その歴史を紐解いてみよう。

日本初のお色気番組といわれるのは1960年放送の『ピンクムードショウ』（フジテレビ）。日劇ミュージックホールの現役ヌードダンサーがセクシーな踊りを披露した。65年に始まった「11PM」には、女性レポーターが全裸でヨガをしたり、温泉を紹介する過激なコーナーがあり、乳首が当たり前のように登場。69年から76年まで東京12チャンネル（現：テレビ東京）系で放映されたお色気アクション番組『プレイガール』は、当時流行のミニスカートから繰り出されるパンチラに世の男性の視線は釘付けに。テレビ朝日「土曜ワイド劇場」は番組開始から80年代半ばまで22時前後の20分間はCMを一切入れず、代わりに濡れ場を多めに放送。裏番組の視聴率30％を誇る日本テレビ『テレビ三面記事 ウィークエンダー』に対抗してのことで、そこで登場する女優を明石家さんまは「10時またぎガール」と呼んだ。80年代半ばまでは「江戸川乱歩の美女シリーズ」をはじめ裸の死体の登場を売りにするドラマも多数放送。84年、フジテレビ『オールナイトフジ』が素人女性のカジュアルなお色気で驚異的な数字を獲得すると他局もこれを追随。土曜深夜は似たような番組が溢れるようになり、お色気番組黄金時代が到来した。

しかし、90年代まで当たり前のようにテレビで拝めたヌードも、2000年代になると水着が限界となる。お色気番組が消滅した背景には、視聴者からの苦情、未成年者も深夜番組を視聴するようになったこと、テレビ局側の自主規制など様々な要因があるとされる。

いまはテレビの規制が厳しい反面、ネットでは簡単に過激なエロ映像を見ることができる。

エロが公然としていた時代と秘められた時代。はたしてどちらの時代がよいのか。

【伝説の女優4】

村西とおるに見出されたレジェンドが語る
『全裸監督』の真実とは？

沙羅樹

——Itsuki Sara

ＡＶ全盛期の１９８６年、「橋本ルミ」名義で※島村雪彦監督『美聖女レイプ 囚』（ミス・クリスティーヌ）でデビュー。ロリータフェイスからは想像もつかないハードコアなカラミで人気を獲得した沙羅《さら》樹《いつき》さん。※村西とおる監督と運命的な出会いを果たし、「沙羅樹」に改名。「監督以外の人とお仕事をしたくない」と言うほど村西監督に心酔し、やがてスターダムへ駆け上がっていく。

初期の頃はクリスタル映像に社員として入社し、インタビューを受ける女優へのお茶出し業務が中心だったが、３００万円ほどの月収を得ていたという。グラビア撮影のためハワイ滞在中に村西監督と共にＦＢＩに拘束されるというアクシデントに見舞われるなど、波乱万丈のＡＶ人生を送る沙羅さんが明かす、ＡＶ業界の隆盛と翳《かげ》り。そして「全裸監督」の素顔とは……。

とても厳格だった父親、木刀が飛ぶスパルタ教育

――まずは幼少期のころのお話から伺いたいんですけど、家族構成を教えていただけますでしょうか。

※島村雪彦
昭和のSM文化の仕掛け人である賀山茂が１９８４年に創設したビデオ制作会社、芳友舎から生まれたＡＶ監督。芳友舎の新レーベル「ミス・クリスティーヌ」で容姿端麗な女優を多く起用し、美少女路線を牽引する存在となる。

※村西とおる
１９４８年生まれのＡＶ監督。高校卒業後に上京、セールスマンや喫茶店経営などを経て、違法ポルノ雑誌を制作・販売する北大神田書店の会長に就任。その後、アダルトビデオの制作プロダクションを設立。自身がカメラを回しながら男優として出演する独自のスタイルで「ハメ撮り」や「駅弁」、「顔面シャワー」などを生み出し、80年代のＡＶ黄金期を築き上げた。

沙羅樹
1986年に、橋本ルミ名義でAVデビュー。同年、村西とおる監督率いるクリスタル映像に移り、沙羅樹に改名。〝ビロードのような肌〟とも称された美肌と、コケティッシュな魅力で黒木香と並ぶクリスタル映像の二大看板になる。88年に引退。その後、90年にダイヤモンド映像で復帰。数度のブランクを経て、2010年代まで新作を発表した。

「父、母、妹の4人家族。それと、私が中学の時に亡くなりましたけど、母方のおばあちゃまがいました。母は鍼灸師とかをしてましたけど、ほとんど専業主婦ですね。父は自営業でとても厳格な人でした」

――しつけとかに厳しいのですか。

「小さいときから正座が1時間できなかったらご飯なしとか。あと、お父さんの前歩くと怒鳴られちゃうから、いつもつま先立ちでお父さんの後ろを歩いていました（笑）。手にはいつも**木刀**※が握られていて怖かったです」

――スパルタ教育ですね。

「父が自分の体を鍛えるために木刀を持ってるんですけど、いざとなると木刀が飛びますね（笑）。箸の持ち方が悪いと注意されちゃうから、食べられなくて栄養失調で倒れたこともありました」

――沙羅さんはどんなお子さんだったのですか。

「活発な子でしたね。家の前に公園があって。同じ年代の女の子がいなかったので、男の子と木登りとかよくやってました。子分みたいに5人ぐらい引き連れて（笑）。『俺は飛べるんだ』なんて言ってる子がなかなか木から飛ばないから、私が真っ先に飛び降りたりして」

※**木刀**
木製の模造刀。上段から下段まで振り下ろす〝素振り〟は上腕などを鍛えられるとあって、昔はよく庭などで素振りをする人がいた。

――初恋はおいくつのときですか。

「小学6年生のとき、1学年下の男の子に一目ぼれをしました。それで私から『中学に上がって待ってるから』って告白をして、彼が同じ中学に入学してから付き合うようになったんです」

――初体験はおいくつですか。

「私が15歳の時で、彼が14歳の時です。もうこの話はしないで欲しいって、その彼から言われているんですけど（笑）。私がデビューしたころ、彼の友達から『やっぱりお前が相手だったのか』って色々イジられたみたいで。実は初体験はフラれてからなんですよ。大好きだったのでもうショックで学校も休んじゃったんです。父からも『あきらめなさい』みたいなことを言われました。で、別れてから数か月経ったあと、彼が突然家にきたんです。その時、たまたま親がいなくて（笑）」

――なるほど。そこで結ばれたと。

「はい。でもだいぶあとになってから知ったんですけど、実はあの時、憔悴しきった私を見かねて、母が『娘にどうか会いにきてやってほしい』と、彼に電話で頼んでいたみたいなんです」

――いいお母さまですね。

「うふふふ。でも、初体験はもうね、二度としたくないって。それくらい痛かったですよ。胸に突き刺さるような。何か股間に挟まってるような歩き方して親にもバレてたんじゃないかな（笑）。自慰行為のほうがはるかに気持ちいいと思いましたね。私、**電マ**※歴が長いんですよ」

――電マはいつからですか。

「小学校3年の時から。おばあちゃんの電マだったんですけど、それに目覚めてしまって、ある日、父に見つかって（笑）」

――え、厳格なお父さんに見つかって大丈夫だったのですか？

「中学の時、もうおばあちゃん亡くなっちゃってたから、形見として大事に使ってたんですよ（笑）。父からは、結婚する前にそんなことをすると、男の人で感じなくなるからやめなさい！　って」

――怒るポイント、そこなんですか（笑）。

「父親も変なところ見ちゃった、みたいな。そんなことすると色素が沈着して黒くなるからやめなさいとか。パンティーも、ゴムのやつは履いちゃダメとか。ブラジャーとかでもきついのはしないほうがいい、ってよく言ってたんですね」

――けっこうツッコんだ話をされるお父さんですね（笑）。子どものころは将来の夢とか

※電マ
ハンディータイプの電動マッサージ機の略称。今やAVでは定番グッズとなっているが、もともとは90年代半ばから一部のマニア向けの作品で使用され始めたもので、2000年代から一般作にも登場することが多くなった。

ありましたか。

「何になりたいとかはなかったですね。父は私を薬剤師にしたかったみたいなんですけど、厳格な父に対する反発心があって一日も早く家を出たかったです。男の子だったら暴走族に入ってグレたりするなんて方法があったかもしれないんですが、女子ってそういうのがないから。私の場合は、それがたまたまアダルトビデオ業界に入るということだったんですよ」

『ロボコン』のロビンちゃんに憧れるも109の前でスカウトされてAVデビュー

――AVの世界に入ったきっかけは何だったのですか。

「18歳の時に**渋谷の109**※に行ったら、スカウトされたんです。うちの事務所を見てってくださいって5人ぐらいのスカウトマンから声を掛けられて。とりあえず名刺だけいただいて帰ったんですね。その中のひとつに定期的に連絡くれる事務所があって、高校卒業するくらいのときに一度遊びに行ってみたんです。そしたら、モデルのお仕事がありましてって色々ざっくばらんに説明してくださったんですよ。たとえば、手だけのモデルとか

※**渋谷109**
流行に敏感な10～20代の女性客でにぎわう、東京・渋谷にあるファッションビル。略して「マルキュー」とも呼ばれる。東急の完全子会社である株式会社SHIBUYA109エンタテイメントが展開。「109」の名前の由来は「東急（とうきゅう）」の読みを数字の10と9にあてた語呂合わせから。くわえて、営業時間が午前10時から午後9時までという意味もある。

もあって、こういう仕事はギャラがいくらだとか」

――モデルやアイドルになりたいという気持ちもあったのですか。

「『**がんばれ!!　ロボコン**』※のロビンちゃんに憧れていて、テレビに出たい！　と思ってたんですよ（笑）。でも何か特別にレッスンを受けてきたわけじゃないし、自分の商品価値っていうのが分からないじゃないですか。もう18歳になってたから、アイドルをやるには遅いでしょうし、ファッションモデルをしたいって言っても、身長が162センチで足らないって自分で思ってますから。それで、どれが1番いいかなっていうことになって、それがグラビアのお仕事だったんです。いずれにしても、私じゃなくてもできる仕事、つまり、〝その他大勢の仕事〟は絶対したくなかったんですよ」

――AVの前にグラビアのお仕事をされたのですね。

「まだ芸名がついてなかったので、本名でグラビアを撮ったんですけど、写真集とアダルトビデオをセットで売らないか？　って事務所に持ち掛けられたんです。アダルトビデオと聞いて私が想像したのは〝**洋モノ**〟※でした。中学2年の時に同級生の男の子の家に洋モノのビデオがあって、何人かの男子と女子が呼ばれてみんなで観たことあったんですよ。そのビデオは局部が全部見えてるショッキングな内容だったから、まさかあれではないよなと……。とにかく気持ち悪かったんですよ。でも、事務所からは疑似がほとんどで、あ

※**『がんばれ!!　ロボコン』**
1974年10月から77年3月までNETテレビ系列（現在のテレビ朝日）で毎週金曜夜に放映されていた子ども向け特撮テレビドラマ。東映製作、石ノ森章太郎原作。最高視聴率は29.2%で、単体の特撮作品では最長の118話まで続いた。ドジなお手伝いロボットが持ち前の100馬力とロボ根性で一人前のロボットになるまでを描くサクセスストーリー。

※**洋モノ**
海外で制作された18禁作品。外国製ピンク映画を略して「洋ピン」と呼ぶこともある。

そこは見えないし、前貼りがついてるしっていう説明があって。それだったらいいかなっていう感じですね」

村西とおる監督との運命的な出会い 監督以外とお仕事したくない！

——日本のAVはご覧になったことはなかったのですか。

「まだアダルトビデオ黎明期でちゃんと観たことはなかったですね。初めてちゃんと観たのは、グラビアを撮影する直前でした。グラビアの撮影場所から私の家が遠かったので前泊したのですが、マネージャーさんにアダルトビデオがどんなものか見せて下さいって言ったら、村西とおる監督が撮った**青木琴美**※さんの『セクシー・エンジェル・琴美』というビデオを貸してくれたんです。ハワイでロケした作品で、青木さんがパラソルをくるくる回していらっしゃったのを覚えてます。それで、ベッドシーンがどう見ても擬似っていうのがわかるんですよね。青木琴美さんは、私が15歳の頃に『**TV海賊チャンネル**』※に出てた日活ロマンポルノの女優さんなので、憧れの目で見てたし、これだったら大丈夫と思って。芳友舎さん（現：h.m.p）に面接に行って撮っていただきました。〝橋本ルミ〟と

※**青木琴美**
1983年に日活ロマンポルノ『「セーラー服百合族 2』で女優デビュー。その美少女ぶりに注目が集まり、テレビドラマやバラエティ番組にも出演した。その後、アダルトビデオに活動の場を移し、村西とおる監督の単独作品をはじめ、多数のAVに出演した。

※『**TV海賊チャンネル**』
1984年10月から86年3月まで日本テレビ系列にて毎週土曜深夜に放送されていたバラエティ番組。所ジョージと早乙女愛が司会。人気AV女優がストリップ風に脱ぐ姿や入浴シーンを披露した「ティッシュタイム」や、ラブホテルを利用中のカップルにクイズを出題する「ラブホテルクイズ」などお色気要素の強さで人気を博した。

いう名前でデビューしたんです」

——芸名はどなたが付けられたのですか。

「島村雪彦監督が付けてくれました。それも写真集とセットでという形で決まっていて、写真集も撮ったんですね。ところが、そのフィルムが現像できないとかでボツになってしまって、写真集を撮り直さなきゃいけないことに……。それで、グラビアのギャラを渋谷の喫茶店に取りに行ったんです。そこで運命的な出会いがあって……」

——伝説の村西とおる監督との出会いですね。

「あのとき、マネージャーが村西監督に違う女性を紹介していて、私は離れた別の席でお茶してたんです。女性が私のほうに背を向けて座っていて顔は見えないのですが、監督とマネージャーは私の方を向いていて。デビュー直後はビデオに出たことに少し後ろめたい気持ちもあって俯《うつむ》いていると、『顔をあげなさい』と優しく声を掛けてくれたのが、村西とおる監督でした。当時の私は村西監督って言われても、誰だかわからなかったのですが、監督の目が今まで見た人とは違ってあまりに眼光が鋭くて。全部見透かされてたように感じて、『この人についていきたい！』って、そのとき思ったんです」

——村西監督のリアクションはどうだったのですか。

「マネージャーは、『この娘はうちの所属が決まってる娘なんです』って監督に紹介したんですけど、監督は全然お構いなしで『僕とお仕事しませんか？』って。私のほうも『はい！　ついていきます』って返事してしまったんです」

――マネージャーさんからしてみたら、おいおいってなりますよね（笑）。

「村西監督に何か後光が差してるように見えて、こんな人と出会うことはもう二度とないだろうと直感しました。マネージャーさんには、『申し訳ないけど、村西監督から頂くお仕事以外したくないです』ってはっきり言いました」

――監督も、ビビッときたものがおありだったんですね。

「たぶんそうでしょうね。でも、当時はまだ大人を疑ってかかっていた部分もありました。ちゃんとお給料もらえるのかなあって。あの当時は未払いの事務所とかもあると聞いてましたし。それですぐに専属になるのではなく、一時期、事務所預かりの時期がありました。マネージャーから『レースクイーンのオーディションを受けなよ』みたいな話がくると、監督に電話して、『そういう仕事があるんですけど、オーディション受けていいですか』って。そしたら監督からは『俺からマネージャーに言っとくから、そんな仕事受けるな』って（笑）」

――沙羅樹という芸名は村西監督が命名されたのですか。

「そうです。そのあとすぐ**クリスタル映像**※に所属して村西監督がつけました。極楽に行く

※クリスタル映像
村西とおるを制作監督に迎え、１９８４年に創業されたアダルトビデオメーカー。「完全本番主義」をアピールしており、実際に当局からの摘発が相次いだため、過激な作品メーカーとしての認知度が高かった。当時のＡＶでは珍しかった顔面射精を「顔面シャワー」と称して多くの作品で用いた。後に絶大な人気を誇った飯島愛のレンタルＡＶ作品の制作も手がけている。

ときに見るという花〝沙羅双樹《さらそうじゅ》〟とススキノにあった風俗店「沙羅」から取ったそうです」

ブレイク前は黒木香に「クロちゃん」監督は私を1つ褒めたら、黒木さんを5つ褒める

――当時は黒木香※さんもいらっしゃったわけですよね。

「私がクリスタル映像に入ってから半年後に黒木さんが入ってきました。実は黒木さんと私は同じスカウトマンさんからスカウトされたんです。デビューも私のほうが黒木さんより3か月ぐらい早かったのですが、クリスタル映像の中では、私は常に2番手の女優でしたね。黒木さんと比べれば地味な存在だったと思います」

――黒木さんはどんな方でしたか。

「自分自身に対して凄く誇りをお持ちの方でしたね。良家のご令嬢だったみたいですね。監督が私を褒めたら黒木さんはもう気に入らないわけですよ。監督もそれをわかってたから、私を1つ褒めたら、黒木さんを5つ褒めるみたいな感じでした。周りも気を遣っていて、車で一緒にロケに行くときとかは私を前の席に座らせて、後ろに黒木さんが座るみたいに、監督の計らいで少し席を離されていました（笑）。いま思うと、やっぱりお互いに意識をするところがあったんでしょ

※黒木香
1986年に村西とおるが監督・男優を務めた『SMぽいの好き』でAVデビュー。1万本を超える異例の大ヒットとなった。現役の国立大学生であることや古風な言葉遣い、黒々としたわき毛を生やしているなど、個性的なキャラクターが話題となり一躍時の人となる。ドラマやバラエティ番組をはじめ、テレビ朝日『朝まで生テレビ』にもパネリストとして出演し、男性のみならず女性からも支持された。

今も変わらずコケティッシュな魅力が全開の沙羅樹さん

うね」

――〝クリスタル映像の二大巨頭〟と呼ばれた時代、黒木さんとちょっとしたバトルがあったりしましたか。

「黒木さんがブレイクする前は、ほんとに失礼なんですけど、私は黒木さんのことを『クロちゃん』って呼んでたんですよ（笑）。『半分少女』※というサイパンで撮った私の写真集ができたときに、販売店に宛名書きして送ってたんですね。それを黒木さんが手伝ってくれたんですけど、黒木さんは丁寧な字でゆっくり書いていたものだから、『クロちゃん、速く書いてよ！』とか、『トロトロしないで！』とか平気で言っちゃって。監督は『沙羅、黒木をいじめんなよ』なんて言っていたんですけど、ハワイから帰ってきたらもう立場が逆転。黒木さんは一気にブレイクしていて……。私も口の聞き方がわからなかったから、ほんとに（笑）。黒木さんから『あんた、目が怖いのよ』なんて後で言われたこともありますね」

――よろしければ当時のギャラ事情を伺いたいんですけれども。デビュー作はおいくらぐらいだったんですか？

「橋本ルミの時は60万円でしたね。そのあとクリスタル映像に社員として入社したんですよ。お給料制になりました」

※『**半分少女**』
１９８６年に白夜書房から出版された沙羅さんの写真集。『ビデオ・ザ・ワールド』の別冊として出された。18歳のみずみずしいヌードが印象的な一冊。

クリスタル映像に入社
お茶汲みの仕事でMAX月収500万円

——クリスタル映像さんの時のお給料はおいくらだったのですか。

「ビデオを撮っても撮らなくてもという感じで、最初月給50万円からスタートして100万になって150万円になって300万円になって、最終的に500万円はいただいてましたね」

——え、月給500万円⁉ お仕事の内容はどんな内容だったのですか。

「インタビューを受けるAV女優さんへのお茶出しが中心でした。撮影があればボーナスとして300万円。あの頃はビデオショップがたくさんあって、サイン会をやれば1回25万円のギャラが入るので、MAXの月収が500万円って感じでした。ダイヤモンド映像では3本出演しました」

——それだけダイヤモンド映像さん儲かってたのですね。

「1つの作品を撮ると、当時1億円くらいの売り上げがありました。土日のサイン会だけで食べていけるような時代でしたね。あのころはビデオ1本の販売価格が1万5000

円くらいだったんですよ。１０００本売れればトントン。１５００本売れたら少し利益が出る。３０００本売れたらヒットっていう時代に黒木さんが１万５０００本くらいのメガヒット。あと**松坂季実子**※ちゃんが１万本くらい売り上げてましたから。村西監督の年収はマックス１００億円くらいあったと思います」

――年収１００億円⁉

「最初は黒木さんと私しかいなかったんですけど、松坂季実子ちゃんが入ってきて巨乳ブームになって、スターダムにのし上がったんですよね。それから徐々に女優さんも多くなってレギュラー監督も増えて**出版社も作って**※みたいな。当時のダイヤモンドの女優さんは私に限らずみんな高給をいただいてました。２００万円の人もいれば、３００万円の人も」

――村西監督から高額なプレゼントとかもいただいたのですか。

「そうですね。海外ロケに行ったときは必ず洋服を買っていただきました。ロケの際にはいつも自分のウエストポーチを１つだけ持って行って、向こうで全部買ってもらえたんですね。化粧品なんかも専属のメイクさんいるので要らないですし。機材の関係とか、荷物のグラム数もあるんで、いっぱい持って行っちゃダメって言われてるんですね。洋服は上下合わせて１００万円くらい、いつもプレゼントしてもらっていました」

※**松坂季実子**
村西とおるがクリスタル映像から独立して興したダイヤモンド映像より１９８９年にＡＶデビュー。人並み外れた大きな胸が話題となり、ＡＶ業界に巨乳ブームを巻き起こす。毎月１日を「巨乳の日」と定めて作品をリリースし、毎回１万本以上売れる大ヒットとなった。

※**出版社も作って**
ダイヤモンド映像の関連会社としてビックマンという出版社があった。小嶋美愛や卑弥呼など出演女優の写真集を中心に出版した。

――高額ギャラの使い道はいかがでしたか。

「ホストクラブにつぎ込んだり、高級ブランド品を買いまくった、みたいなことをもし期待されてるとしたら残念でした。仕事の拘束時間が私、長いんですね。帰るのはいつも夜中なんですよ。そうすると、お金使う時間ないですよね。多分夜中まで仕事させれば遊びに行く暇ないと監督が思ってたんじゃないですか（笑）。両親に東京郊外に一戸建ての家を建てたり、妹の学費を払ったらもうすっからかん。建て替えと言うより、住み替えをしました。下取りの値段はありますからそれを上乗せみたいな。そういった目的でお金貯めてるのを監督は知ってたので、一応給料300万円もらったんですけども」

「お前のところの姉ちゃんアダルトビデオに出てるらしいな」

――家族思いですね。

「妹に申し訳ないって思ってたんですね。デビューしたとき妹はまだ中学生だったので、『お前のところの姉ちゃんアダルトビデオに出てるらしいな』ってクラスメイトからからかわれて登校拒否になっちゃって。私の実家があった所は通学路に面した目立つところにあったせいもあって結構知られてたんですね。母も目立つタイプでしたし。お正月帰ったときに妹から『帰ってくるな』とか、『お姉ちゃんはいいけど私はどういう気持ちになってるか分かんないの』って言われたんですよ」

――いまの時代だと「お姉ちゃんのサインもらって欲しい」とか言われるかもしれませんが時代もあるのでしょうか。

「そうですね。多感な時期ですし、いやらしいとか思っちゃうのかな、やっぱり。妹にはきちっとした家からお嫁に行かせたいなとか思っちゃって。妹の高校や大学の学費を私が全部出しました」

――ご両親にはどういう風にしてバレたのですか。

「事後報告（笑）。最初は母に言ったんです。母は優しいから。『そんなことしたらお嫁さんに行けないじゃないの。あんた騙されてんじゃないの?』って」

――厳格なお父さまに言うのは勇気がいりますね。

「ある日、意を決して『パパにちょっとお話があります』と。『私はこの家を出ていきます。マンションももう決まっています』って切り出したんです。そしたら『待て。順序立てて喋ってくれ』って言われました（笑）。それで『ちょっと色っぽい、裸になるお仕事』って濁して伝えたんですよ。でも父はピンときていなくて、アダルトビデオっていうのがわからないんですよ。一応濡れ場がある程度だと思ったのか。セックスするかどうかも聞いてこなかったですね」

――木刀が飛んでこなくて安心しました（笑）。

「父も『騙されてない？』って心配そうに言うので、私は『騙されてるならお金もらえないから』って答えたんです。そしたら父が『それならその監督とやらに会わせてくれ』と。それで村西監督にお願いして、**父と直接会って話してもらいました**※」

――お三方でお会いになったのですか。

「はい。監督はグラビア雑誌に載ってる水着の写真を父に見せながら『こんな感じです。この表紙も沙羅でいきたいです』って説明していました。父も気付いていてたと思いますね。それで『たぶん家にいても御宅の娘さんは家を飛び出すと思います。変な男と付き合うとよくないでしょう』とも話してました。すごく私のことをわかってるんですよね、監督は」

「この娘は必ず有名になります。私に預けて下さい」父がダイヤモンド映像の専務に就任

――お父さまは納得されたのですか。

※**父と直接会って話してもらいました**
村西監督は、英語の百科事典のセールスマン時代、全国一位の営業成績を挙げたこともある〝話術のプロ〟。2018年には、自身の説得術のノウハウを記した『禁断の説得術 応酬話法――「ノー」と言わせないテクニック』（祥伝社）という本も出版している。

「監督は『この娘は必ず有名になります。私に預けて下さい』って言ってくれました。とてもエネルギッシュな村西監督に会って、父もこの人なら仕方ないかって感じたのかもしれません。最終的には『娘はあなたに預けた』とまで言いました。しかも、どういうわけか、そのあと父はダイヤモンド映像の専務に就任することになりました」

――え、お父さまがまさかアダルトビデオの会社の専務に⁉

「その頃、父の会社が倒産して多額の借金を抱えた状態でした。おそらく監督は父のそうした事情に配慮してくれたのだと思います。『**パワースポーツ企画販売**※』というダイヤモンド映像傘下の映像コンテンツ制作会社を立ち上げる時期で、そこでお世話になりました。私とは別の階に父がいましたね。１階が父のいる部屋で、２階はキッチンや編集室、応接間と撮影スペースがあって、３階が黒木さんのお部屋と、衣装部屋になってました。黒木さんはそこに住まれてましたね」

――お父さまはそこでどんなお仕事をされていたのですか。

「ビデオの発注や本数の管理などのお仕事を中心にしていました。それと、デビューにあたって親に反対されることを心配する女優さんに親の心境を話したり、最終的には娘の立場や考えを尊重する話をしてくれて凄くそれは嬉しかったですね。ほんと村西さんは私や家族にとって救世主で感謝しています。監督の娘さんもたまに会社に遊びにきていて、当

※**パワースポーツ企画販売**
ダイヤモンド映像の関連会社。杉本彩や柏原芳恵、かとうれいこなどのアイドルのイメージビデオを手がけた。ダイヤモンド映像の業績が悪化し、１９９２年４月にはパワースポーツ企画販売から「ダイヤモンド・エンターテイメント」へと改称、事業の主軸を移した。しかし、同年11月にダイヤモンド映像が倒産したため、ダイヤモンド・エンターテイメントも活動停止に至った。

時18歳ぐらいだったかな。家族ぐるみの付き合いをしていました」

監督の本番へのこだわり 予告なしのアナルセックス

――監督とAVのほうのお仕事はいかがでしたか。当時主流ではなかった「本番ファック」のハシリという印象がありますが。

「当時は半分以上が疑似の時代でした。どうせモザイクかけるんだから、本番してもしなくても同じだろうって思ってたんですが、監督から『君は本番したほうがぜったい人気が出る』って言われて。やっぱり本番することに抵抗があったので、夜中の3時ぐらいまで延々と監督と話し合って。最後はもう根負けですよね。そのかわり、人様に本当にSEXしているところを見せてしまったらちゃんと責任を取って欲しい。本気で私を売りだして下さい、と監督に猛アピールしました。当時18歳くらいだったので、いま考えると生意気ですよね（笑）」

――本番への監督のこだわりも凄いですね。村西監督は「**ハメ撮り**※」や「**駅弁ファック**※」の考案者とも言われてますけれども、本番してるのをアピールする意図もあったのでしょ

※ハメ撮り
撮影者が手にカメラなどの撮影機材を持ちながら、相手との性行為を撮影すること。村西とおるはハメ撮りの元祖といわれる。ある女優が現場にきたものの怖気づき、村西と2人きりなら出演すると言ったことから誕生した。

※駅弁ファック
弁当の売り子のような体位。一般的には「駅弁」と略されることが多い。村西とおるがホスト時代に出会った未亡人の亡き夫が駅弁屋だったという。彼女にせがまれ、亡き夫を偲んで再現したプレイに着想を得たといわれる。

うか。

「そうですね。ホラ貝を吹き鳴らすのもそうだと思いますし、顔面に射精する『顔面シャワー』なんかも本番をしているって分かりますよね。ピストン運動をやっていたというのが。擬似の場合、コンデンスミルクみたいなもので精液っぽく見せるんですよね」

――クリスタル映像の方では1本目から村西監督と絡んでいらっしゃるのかと思ったら、1本目、2本目は別の方でしたよね。

「そうですね。1本目は男優さん、2本目が制作の方、3本目で監督とですね。沙羅樹としてのデビュー作『**SEX・サバイバル・ゲーム**』※は騎馬戦やマラソンをして勝ち抜いた男性と私がセックスするという、今考えると能天気な作品でしたね（笑）」

――村西監督との撮影はいかがでしたか？

「3本目の作品でご一緒したんですけど、2本目が終わったあとハワイでFBIに勾留される事件があって、日本に帰国してから撮影しました。まずは放尿シーンを撮るので飲み物をよくとりなさいって言われたんですよ（笑）。監督も編集とかやって忙しいから、一度マンションに帰りなさいと。おしっこしたくなったら電話してきなさいって言われて（笑）。それも夜12時近かったんですけど、『監督もう大丈夫なんですけど』って電話したらタクシーできなさいと。セーラー服を着せられて『メイクしてないんです、監督』って

※『**SEX・サバイバル・ゲーム**』

1986年、橋本ルミから沙羅樹に改名して、クリスタル映像でデビューした1作目。村西とおる監督との絡みはなく、AV男優たちが沙羅樹を巡り競い合うという内容。キャッチフレーズは「恐怖の本番ゲーム」。

クリスタル映像時代の思い出を振り返る沙羅樹さん。
村西監督との日々は、ドラマ『全裸監督』を遥かに超えるハチャメチャなものだった。

言ったら『そんなのいいから』って。事務所でマット敷かれてそこで『沙羅樹、おしっこしますってやりなさい』って言われて。２作目でもう放尿シーンはやってるんですよね。高速道路で（笑）。これが今うけるんだとか言ってて。陰毛は写しちゃダメなんですが、白いパンツで放尿すると割れ目が写っちゃうわけですよ。そこはビデ倫でも大丈夫だから、そこを狙いたかったみたいですね」

――今では当たり前となった放尿も当時は斬新だったのですね。

「しかも事前に教えてもらってなかったんですけど、アナルＳＥＸだったんですね。あまりの激痛に私、目を見開いてしまってると思います（笑）。監督に言われてたのはカメラが回ったら、セックスシーンに関してはストップをかけないと。良くない場合はストップを掛けますって。だから私ぜったい止まっちゃいけないと思ったんですよ。アナルに入ってきたなって思ったんですけど、もう逃げられないですよね。激痛どころじゃないですよ。もう背骨が折れていくような感じ。ギシギシギシギシ関節とかも動かない。もうどう呼吸していいのか分からないし。初めからアナルと聞かされてたら、怖くて腰が引けてたと思うんですよ。だから、監督はあえて言わなかったんじゃないかな」

――その作品の後、ダイヤモンド映像設立と同時に移籍されたのですね。

「はい。監督がクリスタル映像から独立して、ダイヤモンド映像を設立するときに、私と

※野坂なつみ
１９８９年に『埼玉エマニエル夫人』でAVデビュー。本番中でも眼鏡を外さないスタイルで「元祖めがね娘」とも呼ばれた。引退後、ギタリストの野村義男と結婚。現在は二児の母。

※浅井理恵
１９９０年に『バットマンが来た！』でデビュー。映画やVシネマにも出演するなど、演技力の高さに定評があった。

黒木さんが一緒に移って。そこからいろいろ女優さんが出てきたんです。順番的には松坂季実子ちゃんがきて、**野坂なつみ**※さん、そのあと**浅井理恵**※さん、**田中露央沙**※ちゃん、桜樹ルイちゃん、**卑弥呼**※さん、**乃木真梨子**※さんていう順番できたと思います。ダイヤモンド専属の女優さんもいれば監督と個人契約の人もいました」

ハワイでFBI特別捜査チームに拘束
村西監督、懲役370年の刑

――先程少しお話に挙がったハワイでの事件の詳細を教えて下さい。

「『マン法』っていうアメリカの法律にひっかかったんですよ。マン法っていうのは不道徳な目的のために女性を国外に連れ出したり、州間を移動させたりすることを禁じる法律なんですね。私が子どもっぽく見えたのもあったと思います。チャイルドポルノと勘違いされた部分もあって。私がいたところはバンガローになってたんですね。次の日朝早く水中撮影するからシュノーケルとか買ってもらって、早く寝ましょうっていうことだったんですよ。そしてシャワー浴びて、バスローブを着て、寝ようと思った時にいきなり電気が消えて、ＦＢＩ特別捜査チームが突入してきたんです。70人ぐらい入ったって言ってま

※田中露央沙（たなか・ろおさ）
1988年に岡崎美央の芸名で「肉欲のマリオネット」でAVデビュー。90年にダイヤモンド映像の専属女優として田中露央沙を名乗るようになる。美しい容姿にくわえ、巨乳と肉感的な体で人気を博した。

※卑弥呼
1990年に「大和撫子タマの腰」でAVデビュー。ミス日本の東京代表に選ばれたほどの美貌とボディで「日本版トレイシー・ローズ」と呼ばれた。

※乃木真梨子
1990年に『涙が流れるほど良かったから一生忘れない』でデビュー。村西が惚れこみ、出演作では村西以外とは絡んでいない。AV女優を引退後に村西と結婚、一児の母となった。

したよ。銃を向けられて足輪をつけられて護送車に乗せられました」

――ロックンロールの父、チャック・ベリーも昔、未成年の女の子を連れ回して売春を強要した容疑でマン法に違反して逮捕されたみたいですね。『**全裸監督**』※でもＦＢＩに銃を向けられて拘束されるシーンを観ました。セスナ機に乗ってスカイセックスの撮影をしてましたよね。

「向こうは幼児虐待に物凄くうるさいんですよね。ハワイに行ったのは実際ＡＶの撮影が目的ではなく、写真集とカレンダーの撮影、それと当時東京12チャンネル（現・テレビ東京）で15分くらいのレギュラー番組をやってたんですが、そこのバックに流すＭＴＶみたいなイメージカットを撮りに行ってました。黒木さんもいましたよ」

――沙羅さんは何日ぐらい拘束されたのですか。

「当時は経済摩擦のおかげで日本人を見る目が厳しくなっていた時期ですから、早い話が見せしめもあったのだと思います。３泊４日拘留されましたが保釈金５００万円で出してもらって、スタッフが16名いたのですが全員釈放されました。監督は罪が大きいので独房に入れられてしまって。懲役３７０年ついちゃって（笑）。弁護士費用や罰金など総額1億円ぐらいかかったそうです。天台宗の**荒了寛**※先生が保証人になってくれたみたいです」

※『**全裸監督**』
２０１９年と２０２１年にNetflixで制作・配信された山田孝之主演のドラマ。本橋信宏が執筆した『全裸監督　村西とおる伝』が原作。一介のサラリーマンであった村西とおるがＡＶ界に革命を起こした波乱万丈な半生を描く。

※**荒了寛（あら・りょうかん）**
１９２８年、福島県生まれ。10歳で仏門に入り、大正大

——370年ですか⁉

「私も70年ぐらいついてます。『旅券法違反』ってことになるのですが。笑っちゃうのが、『沙羅樹は女優業をあきらめて、ワイキキでアイスクリーム屋をやっている』というのが男性誌に載ったらしいんです。おまけに、そのアイスクリームを実際食べたという人までいるらしくて（笑）。私たちはいったん帰国して裁判の時に戻るっていうところまで何とか漕ぎつけました。それで帰国を求める理由を書かされるのですが、だいたいみんな親戚のおばちゃんが死にそうだとか書くんですけど、1番ウケたのがスタッフのひとりが〝免許の書き換え〟のために帰りたいって（笑）。さすがに裁判長も笑ってましたね。一時帰国してもう一回ハワイに裁判を受けにいくのかなと思ってたんですけど、監督が司法取引に応じたので、行かなくて済みました。監督は私たちが帰国してから4か月後ぐらい経って帰ってきましたね」

——ハワイで撮影した写真集やビデオは、その後、形になっていないのですか。

「監督にフェラーリに乗せてもらって撮影したり、ビスチェと短パンでブランコみたいなの乗った写真撮ったり、次の日は水中撮影だよって喜んでたんですよ。そこで捕まっちゃったんで。ハワイ着いて次の日に捕まって全部没収されました。機材も何もかも没収です」

学大学院で天台学専攻。ハワイやアメリカ本土で布教活動に従事する。また、ハワイ美術院やハワイ学院日本語学校などを設立し、日本文化の普及にも努めた。2011年に外務大臣賞、2018年に旭日双光章と天台特別功労賞を受賞。

隆盛を極めたダイヤモンド映像が92年に倒産　約50億円の借金を背負う

――老舗のＡＶメーカーとして隆盛を極めたダイヤモンド映像も１９９２年に借金50億抱えて倒産してしまいますが、倒産の兆しはありましたでしょうか。

「だんだんと人がいなくなっていくので危なそうだなと思って、事務所が倒産する前に辞めました。出版社を作ったくらいまではいいと思うんですね。そこにいる専属の女優さんの写真集とか出して。今度は30代くらいのそこそこ売れてる女優さんのイメージビデオなんかを撮るようになって。さらには立派な女優さんを使って**女ランボーの映画**※撮りたいと言い始めて。監督は爆発させるのが好きなので、フィリピンで爆発させられるところどこかないかみたいな（笑）。有名人だったらすごいギャラ払うみたいな形になってきて、そういうのが積み重なって倒産に至ったのだと思います」

――約４年間の在籍期間中に６本の作品をリリースされて、その後、ＡＶ業界からフェードアウトされています。その後も94年、２００６年、２００７年、２０１１年とＡＶをリリースされていますが、その空白の期間と言うのは何をされていたのですか。

※**女ランボーの映画**
１９９１年に制作された『女ランボー KILL YOU! IN MY JUSTICE』（鈴木一平監督、村西とおる製作）のこと。『スチュワーデス物語』の高樹澪（たかぎ・みお）主演のアクション映画。妹と友人を麻薬組織に殺害された女Ｇメンが、ロケ地フィリピンの全面協力のもと、爆破シーン満載の復讐

「父が病気で倒れてしまって実家に帰っていました。仕事は特に何もしてないです。面接に行っても顔がバレてしまうので（笑）。私生活では2002年、35歳の時、結婚しました」

——お相手の方はどういう方だったんですか。

「たまたま道を聞かれて、印象深い男性だなとか思ったんですけど、父の事とかもいろいろあったんで、男の人にビビッてこないんですよね。あれはナンパなのかな。一応電話番号丁寧に教えてくれたんで、ドレッサーの奥にその電話番号が書かれた紙をしまってたんですよ。そしたらまた1年も経ってないうちにばったり会って」

——すごくドラマチックですね。

「で、その時もう父も亡くなって落ち着いてたんで。何かのご縁ですね、なんか言って始まって。それでデートするようになりました。3つ年下の男性で最初は気づかなかったんだけど映画館に行った時、横顔見たらもしかして沙羅樹？　って。でも、もし違ったら失礼だから言わなかったみたい。5年ぐらい交際して入籍しました」

——男性の方のご職業は。

「外科医の方だったんですけど。その方が学生の時からずっと付き合ってて。一人前になるまで向こうは稼げないじゃないですか。彼のお父さんは自営業だったのですがちょっとお金が必要だったんですね。そこに私が全部入れてしまった……。返してくれるってこと

劇を繰り広げる。しかし、『女ランボー』、あまりにそのままのタイトルだが、本家に怒られなかったのだろうか。

で貸しちゃったんですけど。その辺がぎくしゃくして3年で離婚しちゃいました」

――これまでＡＶのお仕事以外で働かれたことはないですか。

「風俗で働いたことがあります。お客様は同年代か少し上って感じの方が多かったですね。『昔ファンでした！』ってサインを求められたり、昔話に花が咲いて時間切れ、なんてこともありました。昔は撮影会とかもやってましたが、私は機械に弱いから……。今はＳＮＳ使わないとダメだよ、とかマネージャーに言われますけど、やったとしても普通の代わり映えしない家の中の写真ばっかり紹介することになるだろうし。『今日も寝てました』みたいなね。睡眠時間が何時間でしたなんて、誰も知りたくないですよね（笑）」

1本でもスターになれた時代 ずっと沙羅樹でありたい

――今の若いＡＶ女優さんをご覧になられていかがですか。

「いまの女優さんは活躍すると長いですよね。私たちの時代は長くて2年と言われていました。1人の女性から撮れても10本までだって言われてたんですよ。それ以上撮ると、バリエーションが出せないと。さすがにまれだと思いますけど、黒木さんは2本しか撮っていませんよね。昔は1本でもスターになる人はなったんですよ。いっぱい撮るとやっぱり神秘性がなくなっちゃいますよね。でも今はリリースし続けてナンボというところもあるじゃないですか。だからそこが全然違いますね。収録時間も私たちの時はVHSですから60分でしたけど、今は2時間半とか長い。女優さんは大変ですよね」

——内容も昔よりもハードですよね。

「そう。ハードというか器用ですね、みなさん。潮吹いたりしたら昔は恥ずかしくてしょうがないですよ。言葉もあんな露骨なことを言っちゃいけなかったんですよ。いくら性で下品と言っても3文字は言っちゃいけないですよ。女性なんだからそんなこと。〝FUCK〟も絶対ダメですよ」

——今後、挑戦されたいことはありますか。

「そうですね。一生続く仕事って何がいいかなって思ったら、**死化粧**※とか。最期に携わる方に行こうかなとか。いま考え中ですね。でもね、ずっとアダルトビデオの女優でいたいっていう願望はあります。あの時代って黄金期だったと思うんですよね。騙された子も多かったりするんですけど、今の子たちよりも活躍できたと思うんですよ。ギャラの面でも。自分がすごい大切にされたなと感じているからこそ、そう思いますね。昔は20代前半で女優生命は終わりだったのに、今は熟女がもてはやされる時代。死ぬまで沙羅樹であり

※**死化粧**
亡くなった人の顔や髪、体を整えて化粧を施すこと。遺体を清めた後、男性はひげを剃り、女性は薄化粧をして紅をさし、安らかに眠っているようにする。

たいって思いますね」

日本の、いや世界のポルノのあり方を変えたと言っても過言ではない、鬼才・村西とおる監督。その寵愛を受けた〝ディーバ〟のひとりである沙羅樹さんは、監督との狂乱の日々を目を輝かせて語ってくれた。

アダルトビデオは、男の夢を体現した〝ファンタジー〟の世界だ。それを作っていたのが、村西とおる監督や沙羅樹さんら、フィクションを超えた〝非日常の世界の住人たち〟だったというのも面白い。

狂乱の中で過ぎ去っていったアダルトビデオ黄金期。その渦中を生き抜いてきた証人であり、また、ＡＶ黄金期の遺伝子を受け継ぐ沙羅さんが、これから私たちにどのような〝ファンタジー〟を見せてくれるのか。今後の活動からますます目が離せない。

【伝説の女優5】

90年代を代表するレジェンド女優は

いまでも現役で活躍中！

瞳リョウ

——Ryo Hitomi

１９９6年1月に「センセーショナルな胸さわぎ」（アトラス）でＡＶデビュー。Ｅカップの美乳とお嬢さま風の美貌でブレイクした瞳リョウさん。

2年間、毎月新作をリリースし、『ギルガメッシュないと』『スーパージョッキー※』などのバラエティー番組やドラマにも引っ張りだこ。２００1年に惜しまれながらも引退した後、２０1３年に復帰を果たす。現在も現役のＡＶ女優として活躍を続ける瞳さんに過去、現在のＡＶ業界について赤裸々に語っていただいた。

父親が事業に失敗して多額の借金を抱える 中学時代に壮絶ないじめを経験

——どんなご家庭だったのですか。

「子どもの頃は裕福でした。父が事業をしていて部屋が9つもある大きな家に住んでいたんです。ところが私が小学校6年生のときに、父が事業に失敗してからずっと貧乏で、多額の借金を抱えて一家で夜逃げしたこともありました」

——一家で夜逃げですか。お父さまはどういった事業をされていたのですか。

「祖父の代から建築関係の事業を営んでました。父は社交的で誰にでも好かれるタイプ

※スーパージョッキー
１９８３年から16年以上にわたって放送されたビートたけし司会のバラエティ番組。たけし軍団のメンバーが体を張ってミッションにチャレンジする「ザ・ガンバルマン」というコーナーは、メンバーの知名度向上に貢献した。日曜昼に放送されていた番組であったにも関わらず、後期は女性の水着姿を堂々と映し出す「熱湯コマーシャル」を看板企画としていた。代々多くの女性タレントが番組のアシスタントを担当し、その中には現在は国会議員を務める蓮舫も含まれる。

瞳リョウ
1996年に『センセーショナルな胸騒ぎ』（アトラス）でAVデビュー。類まれなる美貌とEカップの美乳で、90～2000年代を代表するトップ女優となるも01年に引退。その後は、銀座のクラブなどで働いた。2013年、AVに復帰。2021年現在も〝美熟女〟として幅広く活躍している。

で、義理人情に厚くてお人よしだったから失敗しちゃったのかなあ……。そのあと家庭環境がガラッと変わって大変でした」

――多感な時期に大変でしたね。

「小学校の時に**混線電話**※っていうのがあって、その番号に掛けると知らない人と話せるっていう電話番号があったんです。何かの雑誌に載ってたのかな。そこで知り合った女の子と仲良くなって、中学に入学したらなんとその子とクラスが一緒だったんです。喜びも束の間、その子がまさか女番長の妹さんで……何故か私が不良グループから目を付けられるようになって、そこからいじめにあって」

――女性のいじめは陰湿なイメージがありますが。

「髪の毛を切ってこいとか、不良の先輩からよく因縁をつけられましたね。靴やカバンを隠されたり、水着を破かれたり、トイレの脇の水道の流しで頭から水をぶっかけられたり、スカートをまくり上げられて巾着みたいにされて蹴っ飛ばされたこともありました」

――壮絶ないじめを経験されたのですね。

「はい。不良の先輩にはいじめられるし、仲の良かったその子からは無視されるし、周りのクラスメイトは私を不良グループの一員だと思って話しかけてこないし、完全に孤立しちゃって……。給食も移動も一人ぼっちだったから、『もう学校に行きたくない。明日が

※混線電話
混線ダイヤルとも呼ばれる。電話ケーブルの電磁誘導や絶縁不良によって漏話していることを利用して、複数人で会話をする電話番号のこと。アナログ回線時代は、混線できる電話番号が存在しており、雑誌などによく載っていた。

くるのが怖い。誰か助けて！』ってもう地獄でした。でも一度休んでしまったら二度と学校に行けなくなる気がして、歯を食いしばって学校通ってました。今思うと、どうしてあんなにがんばれたのかわからないけど」

高校時代は彼氏に夢中 大切にはしてくれるけど……

――初めて彼氏さんができたのはおいくつの時ですか。

「17歳、高校2年の時です。私の女友達の元カレだったんですけど、告白されて交際しました。その彼とはいつも一緒に深夜1時ぐらいまでファーストフード店や居酒屋でバイトしてましたね。お休みの日も常に一緒にいました」

――その彼氏さんはどういうタイプの人だったのですか。

「生徒会長をやっていてシャイで物静かな人でしたね。本当は**藤井フミヤ**※さんがタイプだったんですけど、外見は正直ぱっとしなかったかな（笑）。私は自分のことを好きになってくれる人に弱いんですよ。中学時代にいじめられていたから、私を大切にしてくれる人に惹かれるのかも。でも、彼はほんと嫉妬深くて、ほかの男の人と話すと怒られたし、同

※**藤井フミヤ**
福岡県久留米市出身の男性ミュージシャン。1983年にバンド「チェッカーズ」のボーカルとしてプロデビューし、ストレートなメッセージの楽曲や先進的なファッションセンスが当時の若者たちから絶大な支持を得た。チェッカーズ解散後、ソロ活動を開始。93年に発売した『TRUE LOVE』はCD売上240万枚以上の大ヒット曲となった。

級生の男の子とたまたま歩いてるところを見つかって、後ろから追いかけてきていきなり殴られたこともあります。私が掛けてたメガネが吹っ飛びましたから（笑）」

――初体験はいかがでしたか。

「付き合い始めてからチューをするまで3か月ぐらいかかりましたね。その後も、胸を触ったりフェラをしたりとかあったけど、挿入まではさせませんでした。昔から焦らすのが好きだったのかな（笑）。それからしばらく経って、高3の春休みに体を許しました。血も出なかったし、思ってたほど痛いとかもなかったですね」

――場所は彼のお宅ですか。

「初体験は彼の家でしたね。彼の部屋の隣がキッチンでお母さんの声とかいつも聞こえてくるんですよ。一度、私が帰りに『お邪魔しました』って言うと、お母さんに『どうも、お疲れ様でした』って笑顔で返されたこともあります（笑）。彼が音楽を掛け始めるとお母さんも、ああ始まったみたいな」

――バレてたんですね（笑）。瞳さんの親御さんは交際についてはどう思われてたんですか。

「うちは相当厳しかったですね。そもそも交際自体がＯＫなわけではなかったので彼と長電話してると途中で切られたり、遅くに帰ると玄関先で両親が待ってたりしました」

デビュー前のAVのイメージは最悪「アナルレポート」を観てトラウマに…

――高校卒業後は何をなさってたんですか。

「エステティックサロンの会社に入って、エステティシャンとネイリストをやってました。本当は調理師になりたかったんですけど、専門学校に行く金銭的余裕がなくて」

――AVデビューのきっかけは何ですか。

「昼間働きながら夜、六本木のクラブでバイトしてたんですけど、そこにはAV女優の**愛田るか**※ちゃんが働いてました。お店の常連さんでアダルト事務所の社長さんがいらしてして『AVやってみない？』って誘われて。当時はAVのことをよく知らなかったし、お断りしてたんですよ。でもそのあと1年ぐらい経ったときに勤務先のネイルサロンの店長にご飯に誘われてついてったら、その事務所の社長さんがそこにいたんです。『え、こんなことってある？』って何か縁を感じましたし、父の借金問題に頭を抱えていた頃だったし、迷いに迷ってAVデビューという流れですね」

――AVを観たことはなかったのですか。

※**愛田るか**
1971年生まれ。95年にAVデビューすると同時にストリッパーとしても活動を開始。2004年にAV業界を引退して飲食業に進出するも06年に再デビューした。現在は風俗店を経営する傍ら、自身もソープランドやデリバリーヘルスに風俗嬢として勤務しており、ブログやSNSを活用して自身の近況を報告している。

「ほとんどなかったです。でも友だちの彼氏にアナル好きな人がいて、彼が持ってる作品をみんなで観ようってことになって、それが『アナルレポート』という作品だったんです。なんかアナルにパールを入れてる残像が今でも頭に焼き付いてて……ＡＶに対するイメージがめちゃめちゃ悪かった（笑）。そのあとも別の作品でしたが、男優の**島袋浩**※さんが女優さんに『このメス豚！』ってずっと言ってる作品を観ちゃったんです。ＡＶに対する印象はもう最悪。その影響からかＡＶ業界に入って、島袋さんをすぐ**共演ＮＧ男優**※にしちゃいました、ごめんなさ～い（笑）」

――昔からタレントになりたいという願望はあったのですか。

「小さいころはこたつの上に乗って河合奈保子さんや柏原芳恵さんの歌マネをやったりしてました（笑）。でも小学校の時の将来の夢に『デパートのレジを打つお姉さんになること』って書くぐらい現実的な子でしたよ（笑）。二十歳のキレイな裸を写真に残しておきたいなっていう気持ちも正直あったけど、芸能界への憧れはまったくなかったですね」

――ＡＶデビューしていかがでした。

「ＡＶの仕事をして男性恐怖症になったというか。男の人って頭のなかはエッチのことしかないんじゃないかって思うようになって。セックスっていうのは好きな人と愛を確かめ合う素敵なものだと思ってたのに、何がなんだかわからなくなってきちゃって……自分が

※**島袋浩**
1966年生まれのAV男優。明るい雰囲気と軽快な話術を持ち味にしており、同業者のしみけんとともに「ナンパもの」と言われるジャンルに多数出演。2008年には同棲相手だったAV女優の風間ゆみと結婚したが5年後に離婚。現在は監督業やプロデュース業を手掛けている。

※**共演NG男優**
デビュー前、プロダクションによっては共演NGの男優の特徴について、体毛の濃さ、男性器の大きさ、体型、ルックスなどチェックシートが用意されている。また実際に仕事をしてみて「乱暴で痛かった」「執拗に顔や身体を舐められた」「会話が噛み合わない」などの理由で共演NGとなるケースもある。

取材には瞳さんの愛犬も同席、とても和やかな時が流れる。

いま何やってるんだろうって思うと混乱してきて」

――セックスをお仕事にすると変わってきちゃうんですね。

「初めてのビデオ撮影が終わった日は、帰りの車の中で号泣しちゃいました。この業界に入るために壮絶なお別れをした彼のこと、これから先ＡＶ女優になった私を誰が愛してくれるのかしら？　もしかしたら結婚もできないかも……親の借金のために覚悟を決めた出演だったけど、もしも両親にバレたら？　でももう、私はもう後戻りできないところまで来てしまったんだ！　この先への不安な気持ちが頭の中をグルグルと駆け回って、マネージャーさんに送ってもらう車の後部座席で声を殺して泣きました。そんな私にマネージャーさんは、『家に帰るまでが仕事だから泣くな！』って……そうやって怒られたことも今ではいい思い出です」

土曜ワイド劇場で親バレ、父から怒りの電話がかかってきた！

――親御さんにはデビューのお話をされたのですか。

「両親にはヘアーメイクやスタイリストとして働いていると嘘をついていました。『美容代から洋服代、食事まで経費で支給されるからお金を使うことないの！　だからよかったらこの仕送り使って！』って」

――それはなかなかうまいアリバイですね。

「でも、思ってても見ないところからバレっちゃったんです。その頃、土曜ワイド劇場の**『混浴露天風呂連続殺人』**※という刑事ドラマに〝温泉ギャル役〟で出演させていただいて、それをたまたま観ていた母の友人から『娘さんが出てたね！』って言われたみたいなんです。それで母から電話で『本当は何の仕事をしているの？』って追求されたんですけどその場はなんとかうまく切り抜けました。でもその後、その母の友人の息子さんから『瞳リョウ』って名前でAV女優やってるって聞いてしまって……今度は父親から、『そんな仕事をさせるために東京で一人暮らしさせているんじゃない‼　今から連れ戻しに行く‼』とすごい剣幕で電話がかかってきて……」

――それはヤバイですね。当時、**「ギルガメ」**※**にも出演**されてましたし、『オレンジ通信』の表紙を飾ったりされてましたから。親にバレるという焦りはなかったですか。

「親は超真面目だからAV観ないだろうし、１００％バレない自信がありました。でも、彼氏にバレたらどうしようって思って、彼の家の近くのビデオ屋さんに自分のビデオが置いてないか確認しに行ったり、もし見つけたら買い取らせてもらおうとか、ずっと自分で

※**『混浴露天風呂連続殺人』**
１９８２～２００７年まで、テレビ朝日系列で放送されていたドラマシリーズ。古谷一行と木の実ナナ演じる刑事が、全国各地の混浴温泉で発生する殺人事件を解決するという内容。見どころは温泉シーンに登場する入浴中の「温泉ギャル」。乳首までバッチリ映してくれるサービスぶりで、オジサンを中心に人気があった。瞳さんは第17作「謎の整形美女を追って列島温泉大縦断！」（１９９７年）に出演。

※**「ギルガメ」にも出演**
瞳さんは準レギュラーとして番組に出演。「セクシー透け透けランジェリーショー」などで、ナイスバディを惜しげもなく披露してくれた。

借り続けようかとか、ビクビクしながら過ごしてました。両親は異性関係に厳しくて高校時代でさえデートするのを内緒にしないといけないぐらいだったから、バレたときは『もう終わった』って頭の中が真っ白に……」

――でもＡＶに出たのは親御さんのため、という思いもあったわけですよね。

「はい、そうでした。それからしばらくして母から1通の手紙が届いたんです。私に借金の相談をしてしまったことと、性に対する正しい教育ができなかったこと、そして、ちゃんと叱ってやれなかったことに対して謝罪の言葉が書かれてありました。『あなたともっともっと遊んでおけばよかった。お母さんはあなたにいったい何をしてあげただろうか。くる日もくる日もあなたの夢ばかり見ます。自分の心を大切にするのよ！』って書いてあって……。涙がぼろぼろこぼれ落ちて、最後まで読めなかったですね。今でもその手紙はたくさんの思い出と共に大切にしまってます」

――親御さんも自分のせいでって、ご自身を責める気持ちがあったでしょうね。

「連絡が途絶えてしまったその後、両親がそろって胃潰瘍になって倒れてしまったと兄から連絡をもらった時は、本当に後悔しました。私なりに考えて考えて……良かれと思って選んだ道なのに、大切な人達をこんなにも傷つけてしまうなんて、なんて馬鹿で浅はかで愚かな決断をしてしまったのだろう、と自分が情けなくてやるせなかったですね」

——それでもお仕事やめなかったのはどうしてですか。

「私がいい加減な気持ちでこの仕事をしてるわけじゃない、これも私なんだということを親にも認めて欲しかったからだと思います。これで辞めてしまったらそれまでの2年間を否定することにもなるから。悲しいかな後戻りできないというか、犯罪をしてるわけでもないのにAV女優という肩書きが一生消えないんだなって分かって。それなら、とことんやりきるしかないと」

当時の暮らしぶり トップAV女優のギャラ事情

——当時はすべて疑似でしたか？

「そうですね。私は最後まで疑似でしたね。男優さんも楽だったんじゃないですかね。スポイトでビュンってやればよかったから（笑）。今の男優さんのほうがめちゃめちゃ大変ですよね」

——当時のギャラはおいくらぐらいでしたか。

「1本のギャラは**手取り100万円**※でした。事務所には300入ってたみたいですけど事

※**手取り100万円**
近年のAVプロダクションの場合、ギャラ分配の相場は、事務所が6で女優4、ないし事務所5で女優5が多いとされる。

務所と折半で100万円ねって嘘つかれて（笑）」

——お金の使い道は？

「デビューのきっかけが親の借金返済のためでしたけど、22、23歳の小娘が普通では手にすることのできない金額を稼がせていただきましたから、それなりに贅沢もしましたね。ブランド物には興味はなかったけど、海外旅行をしたり、ちょっといいマンションで暮らしたり……。今思えば、きちんと倹約してマンションを購入しておけばよかったなあ（笑）」

——芸能人との交流とかも多かったですか。

「そうですね。芸能人の方を紹介される機会とか結構ありましたね。そういうパーティとかも当時あったんです。お笑いの人たちに私もＡＶ女優さんを何人か紹介したし。バンドマンの方とお付き合いしたことも（笑）」

——ブレイクされた理由をご自身ではどういう風にお考えですか。

「当時はまだＡＶ女優があんまりいなかったからじゃないですか（笑）。真面目に理由を分析すると、『ギルガメ』というある意味、男性陣に支持される国民的な番組に出させてもらったのは大きかったと思いますね。当時は身バレをしたくないからレギュラーになることはお断りしていましたけど、あの番組に出演したことで、凄くチャンスをいただきました」

——**声も瞳さんの人気の要素**※のひとつだったのではと思いますが。

「それは嬉しいです。実は私、とっても滑舌が悪くて……学生時代からずっとコンプレックスでした。あまりにも舌ったらずなので、デビュー前にエステティシャンやってたときには、よく上司から『お前の声は子どもっぽいから、お店の電話を取らないで』なんて言われたりもしました。今でも本当はあんまり好きじゃないの」

AV女優の結婚の壁
消えないAV女優としての過去

——2001年に引退された理由はどうしてですか。

「結婚を前提にお付き合いしたい相手が現れたからです。一時は同棲までして親公認の中だったんですけど、彼がAV女優だった私の過去を許すことが出来なくなってしまったんです。テレビや雑誌で少しでもエッチなシーンに直面するとどうしてもAV女優の私とリンクしてしまって機嫌が悪くなってしまったり。『俺の親も観ようと思えばお前の裸を観れるんだぞ』と言われたこともありましたから、彼も苦しんで苦しんで……とっても辛

※**声も瞳さんの人気の要素** 瞳さんの声はとても特徴的で、当時は〝アニメ声〟とも称された。可愛らしい声は、取材をさせていただいたこの日も健在だった。

かったでしょう。結局私達はこの壁を乗り越えることができませんでした」

――ＡＶ女優さんの結婚の壁とか感じますか。

「そうですね。それ以来、私のいまの仕事や過去も含めて全部を知った上で愛してくれる人じゃないとって思いになりました。今の時代はネット検索でいろんな情報がすぐに手に入ってしまうし、もう二度とあの頃のような苦しい思いをしたくないですしね。まだ結婚を経験していないのですが、結婚願望はちゃんとあるのよ。こんな私でもよければ、誰か受け止めてほしいわ。いいご縁ないかしら～（笑）」

――引退されたあとは何をされていたのですか。

「最初は家の近所の某ハンバーガーチェーンの面接に行ったんですけど、落ちちゃって、凄いショックを受けましたね。私、フレッシュじゃないからかなあって（笑）。悔しいからほかのハンバーガーショップで働こうって思って、ＪＲ恵比寿駅前にあった別のお店を受けにいったら無事採用されたんです。でも、お客さんに『瞳さんですよね』って顔バレしちゃって。すぐに辞めちゃいました」

――レジェンド女優ならではの悩みですね。恵比寿マスカッツなどＡＶ女優がアイドル視されているのとかを見てどうでした。

「復帰したいとはまったく考えなかったですね。引退の期間はＡＶに対する関心自体が全くなかったです。自分の中でAV女優としてデビューしたことを正直、後悔してる部分もありましたし」

——AV女優さんがストリッパーになる流れが当時はありましたが。

「そうですね。私も一時期、※**ストリップをやってました**。でも私、すごく飽き性で20日間缶詰になって、毎日同じことをやる生活が苦手だったんです。嫌だってマネージャーさんに断ったらギャラいくら払うからとかビデオカメラ買ってやるからとか交渉されて。ハワイ旅行連れてってくれたらやってもいいよ、とか生意気なこと言ってましたね（笑）。ステージに立ったのはトータル5、6回ぐらいですかね」

——元祖ツンデレ女優さんというイメージがあります。

「冷たそうとか生意気そうに見えたとかよく言われます。感じ悪かったですか（笑）」

銀座のクラブでの仕事 AV業界よりも精神が病んで…

——他にはどんなお仕事をされていたのですか。

「30代になって※**銀座や六本木のクラブ**で働きました。でも銀座は私には合わなかったです

※**ストリップをやってました**
浅草ロック座の公演記録によると、瞳さんは1997年7月や98年3月にロック座の舞台に上がっていた。

※**銀座や六本木のクラブ**
引退後に銀座や六本木で働くAV女優は少なくない。本書に登場したレジェンドの中でも、小室友里さんや夕樹舞子さんも銀座や六本木のクラブで働いていた。後述の「レッドドラゴン」のように、AV女優だけが在籍するお店もある。

ね。お酒が苦手なのもあるんですけど、女を売る、媚びるというのが苦手だったんです。周りのお姉さんたちも、話のネタになるから『元ＡＶ女優の子いるから席に呼ぶね』って声を掛けてくれるんですけど、ＡＶ女優っていうだけでお客さんの中ですぐにセックスに直結してしまうんですよね。お客さんはみんな愛人を作りたくてきてるから、ちょっとお金出せばお前やるんだろうみたいな感じで見られていたんです。私はそういう働き方をしたくてきたわけじゃないのに、って辛かった。ＡＶ業界にいたときよりも精神が病みましたね」

——お金出せばヤレるみたいに見られるのはしんどいですね。

「そうですね。それで疲れきってるときに、昔ユニットを組んでいたことがあるＡＶ女優の**つかもと友希**※ちゃんがＡＶキャバクラに誘ってくれたんです。いま働いてる**『レッドドラゴン』**※ができる前のＡＶキャバクラの走りのお店に。そこは本当に働きやすかったですね。銀座では、ＡＶ時代の影が消せずにずっとつきまとっていたけど、その店は働いている女の子がみんなＡＶ女優だったから隠す必要もない。オープンにしたほうが楽じゃんって発想に変わったときに、仕事が楽しくなってきたんです。みんなＡＶ女優だから、逆に口説いてくるお客さんもいないんですよ」

※つかもと友希
１９８８年に「牧本千幸」名義でＡＶデビューしたが２年で引退し、97年に改名して再デビューした。映画『菊次郎の夏』（北野武監督）やテレビドラマ『特命係長・只野仁』などにも出演した。

※レッドドラゴン
東京・六本木に所在する高級キャバクラ。ホステスは現役のＡＶ女優かＡＶに出演歴を持つ女性に限定されている。店の公式ブログやＳＮＳを通じて、ホステスが自身の出演作品のＰＲを行なうこともある。

高嶺の花のイメージがあった瞳さん。実際はとても感じのよい方だった。

12年ぶりにＡＶ復帰、復帰前と復帰後の心境の変化とは？

――復帰された理由は何ですか。

「六本木のクラブに勤めてた２００９年ごろからかな。業界関係者の方にＡＶ復帰のオファーをいただいて。年もとってるし、どうしようかなと思ったんですけど、いま熟女ブームがきてるし、求められるのは癒やしと包容力だって言われて。引退して10年も経ってるのに、ずっと私の名前を覚えていてお店にきてくれるファンの方がたくさんいました。それってすごく幸せなことだと思うんです。皆さんへの感謝の気持ち、恩返しと思って復帰を決めました」

――復帰作は13年1月発売の**『瞳リョウ come back 12年ぶり…伝説の裸身――。』**※（マドンナ）。こちらはＳＥＸシーンはおろか、男優さんとの接触シーンもないイメージビデオですよね。復活された女優さんはアナルも中出しも何でもありで復活を遂げる方が多い印象がありますが、なぜイメージビデオだったのでしょうか。

「ブランクがあったので演技に不安があって、ならしのためにイメージビデオを作ろうっ

※**『瞳リョウ come back 12年ぶり…伝説の裸身―。』**　瞳リョウさんの12年ぶりの復帰作は、インタビューや裸でのマッサージなどで構成された、まさかのイメージビデオだった。だが、長いブランクがあったにも関わらず、まったく衰えていないその美貌に、多くのファンが歓喜した。

てなったんです」

――ファンの方の反響はいかがでしたか。

「私、自分への批評とか一度も調べたことないです（笑）。興味がないというより気にならないんです」

――復帰作のギャラはおいくらでしたでしょうか。

「事務所に300万円入って、その6割だったから180万円。若い時に当時の事務所に騙されたから交渉しました（笑）」

――AV黄金期よりもギャラが増えるなんて凄いです！『**瞳リョウ 初本番!! 嫁の母**』※（マドンナ）では本番を解禁されています。人生初の本番解禁作、いかがでしたか。

「一発目で足がつりました（笑）。本番って大変だなって」

――復帰前とあとで心構えとか何か変化はありましたか。

「復帰前はエロい気持ちになろうとしてないというか、あまり自分を出したくなかったんです。エッチに見えるものにしたいという気構えが足りてなかったですね。それと、男優さんに『どんなフェラが好きですか？』って聞くようになりましたね。どこがツボでどれぐらいのグリップが良いのか聞いてみたり」

――瞳さんと言えば、フェラの時に相手を見る目が凄くいやらしいイメージがあります。

※『**瞳リョウ 初本番!! 嫁の母**』
再デビュー作が発売されてから5か月後、本格的にAV復帰をはたした作品。内容は瞳さん演じる女性社長が、娘の夫である若い男性秘書を後継者として教育しているうちに情事を重ねるようになるというもの。本編は180分にもおよぶ長尺となっており、非常に見応えがある作品となっている。瞳さんにとって初めての本番解禁作であることも話題を呼んだ。

「フェラは大きな動きがない分、相手の目を見つめるぐらいしか表現ができないんです。だからこそ、センスが凄く問われると思うんです。ねっとりやるのか、スピーディーにやるのか、どこまで責めるのかとか。それと監督さんに作品全体の構成や意向を確認するようになったかな」

――3年ほど前に、カリビアンで無修正動画を解禁されていますね。

「修正するかしないか後処理だけの違いなので、私の中では変わらないですね。見る人と配信場所が変わるだけであそこが見えようが見えまいが変わらないという感覚ですね」

――加藤鷹さんの引退作もお相手されているのですよね？　お互いレジェンド同士の本番はいかがでしたか。

「そうなんですよ。『おー、瞳！』みたいな感じで。相変わらず楽しい方で凄くおしゃべりですね。オッサン、しゃべってないで早く勃たせてって（笑）」

ＡＶは男性が理想化したファンタジー　セックスは精神的なものが先に

――そういえば昔、加藤鷹さんと**若菜瀬名**※さんと一緒にＡＶについての討論番組に出演さ

※**若菜瀬名（わかな・せな）**　1997年に『一途な恋』（アリスJAPAN）でAVデビュー。妖艶な雰囲気とスレンダーであるにもかかわらず豊満なバストの持ち主で、90年代後期を代表するAV女優となった。デビューからわずか2年で業界を引退。その後は大仁田厚が設立したプロレス団体FMWのマネージャーに就任して、AV男優のチョコボール向井らとタッグを組んで試合に参戦したことがある。00年代後半からメディア出演を一切行なっていない。

愛犬に向ける優しい笑顔。見ているこちらも思わず温かい気持ちに……。

れていましたね。※**朝まで生テレビ風のたけしさんの特別番組**。加藤鷹さんが「テクニックとかだけじゃなくてセックスは肉体が1、精神が9割」とおっしゃってましたがいかがでしょうか。

「男性は相手のことが大して好きじゃなくてもおっぱいを触ったら興奮するんでしょうけど、女性は嫌いな人に触られると不快でしかないんですよね。男の人は急激に勃起できるから興奮状態にいけるけど、女性って徐々に興奮していく体の持ち主だから、やっぱり精神的なものが先にないといけないんです。じっくりじっくり女の人を高めさせてあげない限りイケないよっていうのもあるし。ＡＶは男性の理想をもとにした空想の世界なんだけど、ＡＶを観て育ってきた人が多いから、※**男女のその温度差**がなかなか解消されないですよね」

――当時、若菜瀬名さんとかライバル視されていましたか。

「いえ全然。瀬名ちゃんとはプライベートでよく遊んでました。昔はマネージャーさんががっつりついてて、女優さん同士の連絡先の交換を阻止してたんです。それぞれギャラが違うし、知られると不都合なこととかもあったりするじゃないですか。だけど、ストリップの練習のときはマネージャーさんがいないから、現場であった女優さんと連絡先を交換して、またその人から別の女優さん紹介されてみたいな感じで、瀬名ちゃんともつながり

※朝まで生テレビ風のたけしさんの特別番組
日本テレビ系列の音楽バラエティ番組『新橋ミュージックホール』（1997年10月〜1999年3月）のこと。当初は様々なジャンルのミュージシャンを取り上げてきたが、若手芸人のオーディションなどエンタメ全般を取り上げる形式に変わり、AV男優や監督をゲストに招いて裏話や討論を行うこともあった。瞳さんの出演回では若菜瀬奈とユースケ・サンタマリアが共演し、のちに熱愛が報道された。

※男女のその温度差
男女間で性的な温度差が生じる理由を、男女間の脳の構造の違いに求める研究もある。人間の脳には外部からの刺激を受けて発情を促す神経と、そこで得た刺

ましたね。小室友里ちゃんとは今でも仲良しですよ」

AVの世界は25歳から熟女 もっとカテゴリーを増やして欲しい

――今の若い女優さんを見てどうですか。

「今の時代は可愛くてスタイル良くて……、いまトップをとっているような子たちは本当にすごいと思います。レベルが高くてなんでこっちの世界にくるの？　って思いますよね（笑）。エロい体してんなあ、とかついついオジサン目線で見ちゃう。お尻触りたくなっちゃいます（笑）」

――昔みたいな大スターが今の時代なかなか誕生しないように思いますが。

「そんなことないと思いますよ。たしかに最近はお色気番組もすっかりなくなって。テレビでの活躍は難しくなってきたと思いますが、ＳＮＳやyoutubeとかテレビとは違うところで表現したり、かえって活躍の場は増えているんじゃないでしょうか。美容整形のことも公表している女優さんもいるし、全体的にオープンになったイメージですよね」

――今と昔で瞳さんが求められてるものは違いますか。

激を身体に伝える神経がある。男性の場合、それらの神経は近い場所にあるため、ヌードなどを見るとすぐさま興奮する。一方、女性の場合は神経の位置が遠いため、性的興奮を得るには段階を踏まなければならないという。

「40歳を超えてるので、どうしても人妻、義母といった熟女モノ、寝取られ系が多くて、癒しとか包容力、禁断の愛とか、そういった部分での大人の女性の魅力が求められてきましたね。それにしても、いまのＡＶ業界って、年齢のカテゴリーをもっと増やして欲しいって思いません？　まず、10代で〝ロリ〟、20代前半で〝綺麗なお姉さん〟、そのあと、いきなり熟女ってなるでしょ。ＡＶの熟女って25歳ぐらいからだから世間一般よりも熟すのが早いんですよ。40歳から熟女とかにして、30代の呼び方を考えて欲しいですね。だって同じカテゴリーにいる20代の熟女とは戦えないですよ（笑）」

――今後、挑戦されたいことはありますか。

「体力的には結構ハードですが、オファーがあるうちはＡＶで色んな役に挑戦したいですね。あと、水商売の店じゃなくて、おいも屋さんやりたい。大学芋が好きなんです（笑）。おばさんとかもきてくれそうな田舎でのんびりとね」

Ｅカップの美巨乳と気高いお嬢様感でブレイクを果たした瞳さん。

勝手ながら、元祖ツンデレＡＶ女優というイメージを持っていたが、びっくりするぐらい謙虚で温かい方だった。

『ギルガメッシュないと』に準レギュラーとして出演し、**自身の半生を書いた自伝**※を出版

※**自身の半生を書いた自伝**　2000年にスタープレスから発売された『あい―プライベートフォト&エッセイ』のこと。同書籍には、幼少期にいじめを受けていたこと、親が多額の借金を

したり、**CDデビュー**※するなど華々しい活躍を続ける一方で、両親との関係に亀裂が生じたり、彼との縁談が破談になったりするなどAV出演で失ったものもあるという。
それでも今なおこの世界で活躍を続けているのは、これまでの過去を否定したくないという切実な思いと、応援してくれるファンへの感謝、恩返ししたいという想いからなのだろう。一生消えないAV女優という肩書き。それならとことんやってやろうという強い意志を感じた。

重ねていたこと、失恋したことで男性恐怖症になったことなど、平凡な少女であった瞳さんがAV女優になるまでの経緯が赤裸々に記されている。現在でもインターネットの通販サイトなどを利用すれば入手可能である。

※**CDデビュー**
つかもと友希とのユニット「スリーピー」名義で1997年にリリースしたCDのこと。2人が出演する映画『ブレイクヒート』のテーマ曲だった。収録楽曲の『TRAPMAN』という楽曲は、男性からさかんに求愛される女性の心理を露骨に描いたもので、多くの男性から好奇の目で見られるAV女優の心境を記したものと推測される。カップリング曲の『SECRET TIME』には当時流行していたラップが取り入れられている。

colum 03 日本の「AV男優」史

ＡＶ女優を輝かせる上で、欠かすことのない相手役……ＡＶ男優。

彼らはどのようにして現れたのか。その歴史についてここで簡単に振り返っておこう。

アダルトビデオが誕生した１９８０年代。当時のＡＶ男優は、山本竜二、清水大敬など俳優出身者が多かった。彼らは作品において重要な〝出演者〟であり、ジャケットの裏を見ると顔や名前がしっかり載っていた。現在では女性向けＡＶ以外では、ＡＶ男優がクレジットされることはほぼなくなっている。

１９８０年代後半から90年代初頭にかけては〝ＡＶ男優黄金時代〟が到来する。

加藤鷹、チョコボール向井、平本一穂、田淵正浩といった人気男優が次々と現れ、存在感を増していく。90年代には島袋浩、沢木和也など、キャラが立っており、トークスキルの高い男優が育ち、「ナンパ」ものの作品が人気を獲得。またこのころには、バブル崩壊の影響もあり、低予算で制作できる〝ハメ撮り〟作品がＡＶの１ジャンルとして確立。監督の男優化が顕著になっていく。

１９９４年には、１人の女優を複数の男優が責める『人間廃業』シリーズが制作され、ハードなプレイをする作品が徐々に増えていくとともに「顔や名前のない」汁男優が台頭。１９９８年には〝元祖イケメン男優〟の南佳也が登場し、ＡＶ女優から逆指名がかかるほど女性から支持を集めた。

時間は空くが２００８年には、女性向けＡＶメーカー「シルクラボ」が登場。男優は「エロメン」と呼ばれ、人気男優の一徹、月野帯人、ムータンが「エロメン三銃士」ともてはやされて、女性から圧倒的人気を誇った。また近年では、しみけんのように男女ともに支持されて出演作品が１万本を超えるスーパースターも登場している。

推定１万人ともいわれる現役ＡＶ女優に対して、ＡＶ男優は約70人ほど。その中でプロとして認知されている有名男優は20人程度だろうか。トップのＡＶ男優の月収は２００万円以上にもなり、高級マンションに住み、セレブな生活を送る人もいるという。

気になるＡＶ男優のギャラだが、５年以上のキャリアを持ち、出演本数が２００本以上を超える中堅男優で、一現場３～４万円。キャリア10年以上のトップ男優だと一現場約５～６万円ほどとされる。体力と技術があれば、たしかに月収２００万円も夢ではない。

いまや人材不足で〝絶滅危惧種〟となりつつあるＡＶ男優。次のスター男優となって大金をつかむのは、アナタかもしれない。

【伝説の女優6】
『ギルガメッシュないと』の人気者
番組の企画でストリップに開眼！

矢沢ようこ

——Yoko Yazawa

実の姉・**藤森加奈子**※さんのデビューの翌年、１９９６年４月に『フレッシュようこ18歳』（メシア）でＡＶデビューを果たし、『ギルガメッシュないと』にレギュラー出演して人気女優となった矢沢ようこさん。２００２年にかけおよそ50本の作品に出演し、現在は現役ストリッパーとして活躍している。デビューまでの経験人数は１人で、ＡＶがどんなものかわからないまま、姉の影響で好奇心からＡＶの世界へ。

ＡＶ、ギルガメ、ストリップと姉のあとを追うように自ら活躍の場を広げてきたが、姉との共演作も多く、『姉妹【あねいもうと】』では複雑な家庭環境について明かしている。姉との絆、そしてストリップで活躍する現在地について伺いたい。

姉の1年後にデビュー コンビニで姉が表紙の雑誌を発見

――家族構成から伺えますか。

「父、母、姉、私。あと犬ですね。父と母が離婚してから、姉はあまり家に寄り付かなくなったというか私を置いて出てっちゃいました。私が小６で姉が中学１年の頃に」

――どこにいらっしゃったのですか。

※**藤森加奈子**
１９９５年に『あなたとやりたい』（ジャパンホームビデオ）でＡＶデビュー。矢沢さんの実姉にあたり、姉妹で何度も共演した。ストリッパーとしてもデビューしており、矢沢さんの浅草ロック座初舞台のときのも一緒に踊っている。現在はＡＶ、ストリップともに引退している。

矢沢ようこ
1996年に『フレッシュようこ18歳』（メシア）でデビュー。翌年には人気深夜番組『ギルガメッシュないと』のレギュラーとなり、AVアイドルとして人気を博す。1997年に番組の企画で挑戦したことがきっかけで、ストリップの世界に。2014年にはテレビ映画『浮気なストリッパー』（広島放送）に主演。また、2017年には銀杏BOYZのMV、2019年には映画『彼女は夢で踊る』にも出演するなど活躍を続ける。

「友達の家じゃないかな。でも、たまに様子を見に帰ってきてはいましたね。夜遊びをして私がいない間に寝に帰ってたか、とにかく生活時間がずれてました。遊びすぎだよって姉を注意したこともあります」

——ご両親のご職業を教えてください。

「父は繊維関係の会社に勤めてて、母も社員として普通に働いてましたね」

——どんなお子さんだったのですか。

「姉は友達が多くてリーダー的存在で、私は授業中にトイレに行きたくても我慢しちゃうみたいな。大人しい目立たない子でしたね」

——お姉さんの藤森加奈子さんのほうがデビューは先でしょうか。

「私の前年に姉がデビューして。短大時代にたまたまコンビニで※**エッチな雑誌の表紙**を見たときに、あれ……似ている人がいるなと思ったんです。それで、よく見てみると姉で。もうびっくり……」

——それは衝撃ですね。雑誌の名前は憶えていらっしゃいますか。

「全然覚えてないですね。頭が真っ白になって……。驚きのほうが勝ってました」

——お姉さんとその当時は一緒にお住まいだったのですか。

「一緒にいたりいなかったりかな。周りから『ようこちゃんのお姉さん、すごく綺麗だ

※**エッチな雑誌の表紙**
藤森さんは『さくらんぼ通信』（大洋図書、１９９５年４月号）の表紙を飾っている。時期を考えると、矢沢さんはこの雑誌の表紙を見たのかもしれない。

ね』って言われて。なんか急に綺麗になったというか、煌びやかで一皮むけた感じ？　ちょっと怪しいなあ、変だなあという違和感はありましたね。連絡は頻繁に取ってなかったけど、もしかしたら姉の方から距離を置いてたかも。バレるかもしれないって気持ちがあったのかなあ」

――藤森さんからどんなお仕事をされてると聞いていたのですか。

「OLをやってるって。姉が帰ってくるのを待ち構えて問い詰めましたね」

――その頃はAV否定派だったのですか。

「そうですね。姉の性格を考えると、みんなの幸せのために自分を犠牲にするタイプなので、家族のために稼がなきゃいけないからAVに出たのかな？　とも一瞬思ったけど当時はとにかく否定派だったので、そんなのは絶対違う！　って否定ばかりしてましたね」

――藤森さんにどう話をされたのですか。

「どうしてAVなんか出たの？　って相当怒りました。あの時は怒りに任せて『あんたなんか死んじゃえ！　生きてる資格なんかないよ』って罵倒しちゃって」

――お姉さんのリアクションはどんな感じでしたか？

「ごめんなさい、ごめんなさいって、ずっと泣いてました」

――ご両親にはお話しされたのでしょうか。

「さすがに両親には言わなかったですね。姉も隠してたし、言えなかったですね」

――そのような背景がありながら、どうして矢沢さんはデビューされたのですか？

「いや、本当そうですよね。昔から女優になりたくて、何となく興味が湧いたんです。姉見てて何か気になるなあ、実際ＡＶの世界ってどんなものなんだろう、一回やってみようかなって。姉がやってなかったら、やってなかったかもしれないです。いや、でもその時ちょうど自分を変えたいモードになってたので、どっち道やってたか（笑）」

姉と同じスカウトマンからスカウト 姉の代わりにギルガメに出演

――矢沢さんも**スカウト**※でしょうか。

「姉は原宿で、私は代々木でスカウトされました。しかも同じスカウトマンさんだったんですよ」

――え、同じ人からですか。目利きの方ですね。

「事務所に行って名前書いたときに苗字が一緒だから、スカウトマンさんが、え、まさか……って気付いたんです。ちょっと珍しい本名なので」

※**スカウト**
女性を勧誘し、水商売や風俗、ＡＶなどへ斡旋すること。かつて、多くのＡＶ女優が街頭でのスカウトがきっかけでデビューしていた。しかし、近年、全国で迷惑防止条令が制定され、路上でのスカウトは迷惑行為として禁止されるように

――それまでAVを観たことはありましたか。

「いえ、当時はAVっていうものがどんなものか分からず、観たことなくて。経験人数も1人だけだったし体位も正常位しか知らなくて。ほんと素人同然だったんですけど、それが逆に新鮮だったみたいで」

――デビュー当時、お付き合いされてた方はいましたか。

「高校の時からデビューするまでお付き合いしてた人がいました。結婚したいって本気で思ってたんですが、AVのお仕事を始めると彼に申し訳なくなってしまうので、お別れしちゃいました」

――彼との結婚よりもAVのお仕事を優先されたのですか。

「姉が表紙に出てる雑誌をコンビニで見つけたときに、実はその彼も一緒にいたんですよ。『え、お姉さん、こんなものに出ているの⁉』みたいなリアクションされてショックでした。おそらくAVじゃなくてヌードだと思ってたんじゃないかと思うけど。もしそういうのに詳しかったらAVだって気付いたかもしれないですね」

――AV出演の際には、彼氏さんには相談されなかったのですか？

「絶対ダメだって言われると思ったからしなかった。彼に反対されたら自分の気持ちが揺らいでしまいそうで。結婚をしたいって言ってくれてたのに、ほんと自分勝手なんですけ

なり、「スカウトされて業界入り」は現在ないことになっている。

ど、あとでバレるよりは別れようって。バレてから傷つけるよりもいいかなって。男性からすればなんてひどいヤツだと思われるかもしれませんね」

――**『ギルガメッシュないと』**[※]**にもレギュラー出演**されて注目されましたし、あとで気付かれたかもしれないですね。

「後で知ってびっくりしてると思います。『ギルガメ』も本当は姉が出る予定だったんですよ。姉はお金を返したいという経済的な理由だけだったので、あまり公にしたくなかったみたいで。私は、『フライデー』のＡＶクイーンという企画ページに登場したこともあって家族や親戚、周りの人にも完全にバレました。そういえば、姉と一緒に『ギルガメ』に出たこともありましたね。女性のカメラマンさんが撮影するコーナーだったかな」

――お姉さんにバレたときはどんなリアクションだったのですか。

「『何か隠してることない？』って聞かれて。最初は学校の友達にも似てる子がいると言われたんだよ、ってごまかしてたんですが（笑）。姉は自分のせいだってずっと自分を責めてましたね。『全然違うよ、むしろ新しい世界を見せてくれてありがとう』って伝えました。慈悲深くて本当に優しい姉なんです」

――矢沢さんはＡＶ女優として有名になりたいという願望などはお持ちでしたか。

「どうせやるのであれば有名になりたいと思うタイプだったので。仮に、もしバレたとし

※**『ギルガメッシュないと』にもレギュラー出演**
矢沢さんは１９９７年から約１年間、レギュラーとして出演。香月あんなとコンビを組むことが多く、豪快な脱ぎっぷりで番組後期を支えた。

ても一番になっていれば、何も言われないだろうって思い込んでました。18歳だったので青かったですね。まだ何していいかわかんなかった時で勉強よりがむしゃらにがんばってました」

――デビューされていかがでした。

「初めての現場でシャワー浴びてきてって言われて、全身きれいに洗ってしまって。現場でよく怒られたり」

――え、駄目なんですか。

「はい、せっかくきれいにやってもらったメイクを全部落としちゃったから（笑）。馬鹿野郎なんて檄が飛んで」

――初めての現場のときって、ある程度、丁寧に教えてもらえるのですか。

「いえ、全然教えてもらえませんでした。まさにぶっつけ本番ですね。女優になることが夢だったので演技の勉強と思って毎回試行錯誤してました」

――当時のＡＶは疑似だったのですか。

「疑似が多かったですね。私も最初は疑似だったけど、途中から本番になったので演技をする必要がなくなってちょっと寂しかったですね。『**人間廃業**』※という作品から本番に変わっていきました。当時は、ＡＶ、グラビア、テレビ、学校とかなりハードでした」

※『**人間廃業**』
１９９７年にアリスＪＡＰＡＮよりリリース。大勢の男優を一人の女優が相手する〝陵辱モノ〟で、人気のシリーズになった。

――学校も通われていたのですね。

「はい、普通に卒業しましたよ」

――学校とかでバレることはなかったですか。

「あんまりバレなかったですね。短大で女子が多かったせいか。女子は『ギルガメ』とか観ないだろうし。声をかけられたのも街で一回あるだけです」

――意外ですね。昔は製作費が潤沢で海外で撮影とかもありましたか。

「ちょうど学校の授業と被ってて行けなかったんですよ。ニューカレドニアで写真集を撮影するはずだったのが、なぜか青森で撮ることになって。**平田友二**※さんというカメラマンさんに担当してもらって、それが初めてのグラビアでした。当時、ＡＶ撮影の時は新宿西口のスバルビル前に集合が多かったなあ。**スバルビル前**※はＡＶロケの集合場所のメッカで朝7時ぐらいに行ったらすっぴんのＡＶ女優さんによく会いましたね（笑）」

――新宿にＡＶの聖地が（笑）。芸名の由来は何ですか。

「母が矢沢永吉さんのファンだったのと、矢沢さんの曲に『ＹＯＫＯ』という曲があってそれに由来しています。母とは今も矢沢さんのライブに行ったりしますね。当時、下の名前に『子』がつく女優さんが少なかったこともあって。そういえば、姉も『子』ですね」

――藤森加奈子さんの由来はなんですか？

※平田友二
グラビアアイドルやＡＶ女優などの写真集を手がけるフォトグラファー。主な作品に『nudity―峰なゆか写真集』『ユイズムびーむ―市川由衣1st写真集』『愛しのマリア―高樹マリア写真集』など。

※スバルビル前
矢沢さんによると、スバルビル前で待っていると「あれ、今日はこっちの現場だっけ？」などと顔なじみのＡＶの撮影スタッフによく声を掛けられたとのこと。スバルビルはＡＶ以外でもドラマや映画の撮影班の待ち合わせにも使われていたそうだ。

いまも現役でストリップの舞台に上がる矢沢さん。
身体はアスリートのように鍛え上げられていた。

「わかんないです。スカウトマンの方が決めたのか、事務所の社長が決めたのか。実は姉と仕事の話をほとんどしたことがなくて。『**姉妹【あねいもうと】**』※というビデオで共演したときも完全に他人という感じでしたね。あの作品は本当きつかった」

姉妹で共演 いたたまれない空気で終始無言

――『姉妹』を拝見しましたが、矢沢さんが目の前で男性と絡んでいるとき、お姉さんが目をそらしたり耳を塞いだりされていましたが、あれは演技でしょうか？

「いえ、演技じゃなくてリアルでしょう。本当えげつない撮影ですよね。今思うと胸が痛みます。小さいころからずっと一緒に過ごした妹が、目の前であんなことさせられてたら、私だったら耐えられないな。姉はやはり凄いなって思いました」

――本当に姉妹なのかなあと思って見ていました。

「そう思われてたほうがいいかもしれないですね。その当時の私に馬鹿！　って言いたくなりますよ。撮影のあと、姉と食事に行きましたが、もうお互い終始無言で。何も話せなくて」

※『**姉妹【あねいもうと】**』
１９９７年にアリスＪＡＰＡＮよりリリースされた、ドキュメンタリーＡＶ。長谷川九仁広監督。実の姉妹が共演、しかもすぐ隣でセックスをするというショッキングな内容は発売当時、大きな話題になった。

――他の作品でも共演されていますよね？

「シネマジックさんの『**被虐の女戦士**』[※]というシリーズものかな。あれはぶっ飛んでますよね（笑）。自分ではけっこう体が柔らかいほうだと思ってたけど、全然大丈夫じゃなかった。十字架貼り付けで宙づりとか、あの頃のSM作品は本当ヤバイ」

――当時はSMとレズとスカトロは三大タブーだったのですか？

「そうです。NGですね」

――お姉さんとレズはやっていないのですか。

「うん。話はあったけどお断りしました」

――どうしてお断りされたのですか。

「なんか昔から母や姉と一緒にお風呂に入ることに抵抗があって嫌だったので。もしかしたらそれも関係あるのかも。最近は一緒に入っても大丈夫になったけど、なぜか女性と入りたくなかったんですよね」

――共演している女優さんが浣腸されて、歯をペンチで抜かれるシーンがありますがあれもリアルですか。

「そんな恐ろしいことしてましたか。いやあ覚えてないですね。台本がめっちゃ分厚くて、セリフも多かったのでかなり大変でしたよ。下半身がめちゃくちゃ痛くて、辛かったこと

※『**被虐の女戦士**』1999年にシネマジックよりリリース。正しくは『被虐の女戦士3　絶叫編』。SM系の激しいセックスを売りにしたシリーズで、シーズン3は女スパイに扮した矢沢さん姉妹が囚われ、男たちから責められるという設定。

は鮮明に覚えてますが」

――あの作品は疑似だったのですか。

「あの時は疑似じゃないですね」

――当時のギャラはおいくらでしたか？

「ＡＶ出演１００万円、雑誌で10万円ぐらい。今ならタワーマンションで暮らせるくらいのお給料もらってましたね。貯めなさいと周りの人から言われてたけど、その生活がずっと続くと思って湯水のように使ってました。服が大好きで洋服を買いまくったら手元に全然残らなくて。今思うとマンション買っておけばよかった（笑）」

――『ギルガメ』の出演料はいかがでした。

「ギャラはバイト代程度でしたが、『ギルガメ』出演がなければいまの私はないです。イジリー岡田※さんもすごく良い方で。ああいうキャラクターだけど、実はあの人、あんまりエッチに興味ないんじゃないかな……テレビ的には気持ち悪がらないといけないのに受け入れちゃって、イジリーさんごめんなさいって思いました。スタジオトークも前に出るタイミングがわからなくて、スタッフさんから〝壁の花〟になってるよって言われたことがあります、全然しゃべれなくて。雛壇芸人さんの気持ちがよく分かる（笑）」

――テレビに出られるようになると、芸能人からお誘いとかありましたか。

※**イジリー岡田**
１９６４年生まれのお笑いタレント。素人時代に出場したフジテレビ系列「発表！日本ものまね大賞」がきっかけでホリプロにスカウトされる。『ギルガメッシュないと』のレギュラーになり、〝高速ベロ〟芸でブレイク。特技はものまねで

「**ダウンタウンさんの番組**※に出たときはスタッフさんとかたまに連絡を取ってたこともあったけど、残念ながら芸能人の方とはなかったですね。まったく自覚してなかったけどしょせんはAV女優って見られてたのかも。もうちょっとAV女優であるってことを自覚した上で出演すればよかったなって。当時の私を知ってる人から『あの時は感じ悪かったよね』とか言われたこともありました。ストリップをはじめた当初、『え、自分でメイクやるんですか？』って聞いて驚かれたり」

――AV女優さんは専属のメイクさんがいますもんね。

「テレビとか雑誌のインタビューとかでもいつもメイクしてもらってたから……。天狗になってたつもりはまったくありません（笑）」

番組企画でストリッパーデビュー ストリッパーの仕事がAVの仕事に活きる

――ストリッパーになったきっかけは何でしょうか。

「ギルガメの番組企画で、引っ込み思案な矢沢を変えよう、みたいな企画が持ち上がって。やるからには真剣に挑戦しました」

北島三郎や綾小路きみまろなど、レパートリーは多岐にわたる。

※**ダウンタウンさんの番組**
1998年4月5日に放送された『ダウンタウンのガキの使いやあらへんで』のこと。矢沢さんは「第411回 大人の社会見学！ アダルトビデオ撮影現場 潜入ムンムンレポート!!」に出演。

――ストリッパーデビューはお姉さんより矢沢さんの方が早かったのですか？

「いえ、これも姉の方が先。浅草で私がデビューするときに、ギルガメ祭りのような感じで一緒に出ました。毎回、姉の後を追っかけてるなあ」

――テレビの効果もあって、デビュー公演は大盛況でしたか。

「そうですね、凄かったです。ステージから見たお客さんの目がギラギラじゃなくて、キンキラキンに輝いてて（笑）。こんな世界もあるんだ！　って心が震えましたね」

――デビュー前にストリップはご覧になったことはありましたか？

「いえ、全然見たことなくて。どういったものかもわからなかったです。日本舞踊を習ってたけど、ストリップのレッスンに最初ついていけなかったんですよ。当時は稽古中に吐き気はするし、わざと階段から転落して怪我しちゃおうか、なんて考えたことも。いざステージに立つとスポットライトを浴びるあの快感にハマってしまったのかなあ」

――以前、**浅草ロック座**※の舞台制作の方とお話しさせていただいたときに、浅草ロック座の踊り子さんがもの凄いタイトなスケジュールで練習されているのを知って驚きました。

「今は10日間ですね。カタメ（カタメリハーサル）と**ゲネプロ**※があって、その間にだいたい4景（ショー）分の振付けを覚える感じです。私がストリップを始めたころは、今よりも踊り子の人数が多くて、公演の時間も長かったからもう少し練習期間があったかも。こ

※**浅草ロック座**
１９４７年に創立された東京・浅草にあるストリップ劇場。客席数は１２９席。国内に現存するストリップ劇場では最古かつ最大規模。最近では小向美奈子の出演でも話題になったが、元ＡＶ女優および現役ＡＶ女優の踊り子が多いことでも知られる。

んなに長くやらせてもらうとは夢にも思わず（笑）」

――翌年の1998年には『ガキの使いやあらへんで』に出演されていましたが、どういった内容だったのですか。

「ビデオの撮影現場に浜田さんがいらっしゃって、その現場にモザイクかけて、山崎邦正さんが声を聞いて、絵で視聴者に伝えるという内容でした。浜田さんに叩かれたのも今では良い思い出ですね」

――ストリッパーをやられて、AV撮影においても見せ方の変化はありましたか。

「もちろんありました。グラビアひとつにしても体が柔らかくなったから、ポーズが取りやすくなって、見せ方も段々わかってきましたね。ストリップは全方位きれいに見えるように意識しなければいけないので、その影響もあったと思います」

――**VR撮影**※のような感じですね。

「VR（笑）。まあそうですね。ストリップのおかげでほんと雑誌の撮影をする時とかでもポーズのバリエーションが一気に増えて。表情や仕草もどうやったらセクシーに撮ってもらえるのかとか。だから雑誌を見るとストリップにデビューする前か後か一瞬で分かっちゃうんですよ」

――その後、2002年にAVを引退されましたが、引退の理由はなんですか？

※ゲネプロ
本番直前に行う最終リハーサルのこと。出演者の演技だけでなく、衣装や音響なども含めて本番同様に行われる。最近では、宣伝も兼ねてマスコミや関係者を招待することも多い。

※VR撮影
仮想現実（Virtual Reality）の略。アダルト業界では数年前からVR動画が登場。従来の2D動画にはない没入感があり人気になっている。しかし、撮影は特殊な機材を使うため、調整等に時間を要し、かなり大変とのこと。

「単純に自分の中でもう無理だ、これで最後にしようって思ったのがきっかけです」

――２００２年ですと、24、25歳でお若いですよね。

「ＡＶ業界では24、25歳になると未亡人や熟女の役を振られますから。アラサー手前で熟女扱い（笑）」

――段々とハードな絡みを要求されるようになったのですか。

「いえ、そんなことはなかったです。ふと振り返った時に何も世の中のことを知らないな私って思って。短大に通いながらこの業界に入ったから、ちょっと普通のことをやってみたいなと。その時に読んだ本に『立ち止まることも必要』という言葉が書いてあって。今まで駆け抜けてきた分、立ち止まってもいいかなと思ったんです」

――最近のＡＶ女優さんをご覧になられていかがですか。

「本当にすごいしっかりしてますよね。職業としてやられている方が多い印象。昔はこっそりやるのが当たり前で、おおっぴらにしてはいけない時代だったので。今の若い人で明確な目標を持って短期集中でお金をしっかり稼いでいる人とか見ると賢いなって思います。私は漠然と有名になりたい、やるのであれば一番にと、その気持ちだけだったので。あの時は裸になることに対して世間からもう少し肯定してほしいなって思いがあって。とにかく否定されることが多かった時代でしたね」

——2003年ごろから2006年までの間、ストリッパーをお休みされている間は何をされていたのですか。

「イタリアンレストランで働いたり。洋服が好きなのでアパレルで働いてました」

——ご結婚はされていますか。

「一度も結婚していないですね。良いご縁があればね」

——お姉さんはいま何をされてるのですか。

「姉はいま普通に働いてますよ。少しぽっちゃりしましたが、背が高いので**ビヨンセ**※みたい(笑)。今でも仲は良いです」

——AV復帰はもうないのですか?

「うーん、ないですね。お話は頂いたことはありますが、あんまり乗り気はしないですね。体も壊れてしまいそうでちょっと不安」

エロとアートのバランス 理想の〝矢沢〟を追求

——ストリップはエロとアートの融合という世界なのでしょうか。

※**ビヨンセ**
1981年生まれのアメリカの歌手、女優。抜群の歌唱力とド迫力のダンスが持ち味。渡辺直美のモノマネのネタでもお馴染み。

「そうですね。でも、そこは難しい部分でもありますね。ストリップはたんなるエロティックなものとして見てもらうのもいいんですが、どこかでそれだけじゃないっていう思いもある。たとえば、女性目線に立てばきれいな裸を見られる場所でありたいし、男性が見ていやらしい気持ちになれる場所でもありたい。海外のお客さんはストリップをアートとして認めてくれますが、そちらに比重を置きすぎると自己満足に見えてしまうので、アートだけには偏りたくないんです。ある意味、私にとって〝矢沢ようこ〟はエロとアートのはざまにあるような存在ですね。自分の中でこんなことを表現したいという理想と憧れ。ストリップを始めてから、ずっと自分の中の〝矢沢ようこ〟を追いかけている気がしますね」

――本名の自分と〝矢沢ようこ〟とのバランスをとるのは大変ではないですか。

「そうですね。矢沢ようこは破天荒で格好良くて、ある意味、憧れの存在。本名の自分は臆病で引っ込み思案で泣き虫なんです。格好つけて言うと、２人は夫婦のようなものですかね。まだ結婚したことないから分からないけど（笑）」

――プライベートでの切り替えも難しそうですね。

「ＡＶでするセックスはある意味、疑似恋愛かな。プライベートでセックスするときも、今の私って矢沢ようこ？　それとも本名の私？　っていう感覚がどこかにあって。それを相手に理解されないことが多かったです」

――レジェンドならでは、の境地……深いです。2009年、**ロック座マカオ**※への出演を機にストリップに復帰されましたね。

「そうですね。ロック座マカオから声をかけてもらって。マカオには公演で何回かいきましたね。それから戻ってきて10年くらい経ちました」

――休業前と復帰後のステージでなにか変化はありましたか?

「体は変わったと思います。痩せたね、色っぽくなったと言われることが多かった。復帰後の方が気持ちを楽にしてステージに立てるようになったかな。休業前は〝矢沢ようこ〟という名前を重たく感じてしまって、少しやりづらかった部分もあったけど、その頃の私よりも今の方が本当の私らしく感じますね」

――外国人から見たストリップのイメージと日本人から見たストリップのイメージは違いますか。

「それは全然違うと思います。海外の方のストリップは、トップレスまでで下が見えないようになってて、体をくねくねして踊るイメージです。新宿の劇場によくアジア圏の方が見にきてくれますが、ほんと静かに見て帰っていかれるので、どういう風に評価されているのか正直気になりますね」

※**ロック座マカオ**
ロック座の系列店として、マカオにあるホテルグランド・リスボアに常設されていた専用劇場。2011年に閉館。

――マカオの舞台に立たれた感想はいかがでしたか。

「マカオに行きたかったらストリップに復帰をしたようなものなので、公演は楽しかったですね。1か月ずっと海外生活、マカオのホテル暮らしで最高でした。お客さんはカジノでギャンブルをしている途中に見にくるような人が多かったけど、何人か熱狂的な常連さんもいましたね。私、ビデオ業界に入ったばかりのころ、一度、香港に行っているんですよ。夕樹舞子ちゃんみたいにＳＰは付かなかったけど、すごくスター扱いしてくれたんですね。ひょっとしたらマカオでも……って思ったけど、さすがに20年近く経っているから、それはなかった（笑）」

――外国の人が考えるＡＶもまた日本人の持つイメージと違うのかもしれないですね。

「そうですね、海外では偏見なく認めてくださいますね。ポルノであれ普通の映画であれ良いものは良いといった感じで」

――最近は女優業もされて、２０１４年には映画『浮気なストリッパー』に出演されましたが、こちらのきっかけはどういったものですか。

「復帰して何年かした時に、広島第一劇場でストリップの公演があって。以前、番組でご一緒した**横山雄二**※監督がそこに見にきてくださって、映画を作ろうとしているので出てみないかって誘われて。15年前にも横山さんが自主制作された『中国放送大パニック』って

※**横山雄二**
１９６７年生まれ。広島ではカリスマ的な人気を誇る、中国放送（ＲＣＣ）のアナウンサー。俳優や映画監督、小説家としても活動している。２０１９年公開の映画『彼女は夢で踊る』ではプロデュースを務めた。

落ち着いた語り口で話す矢沢さん。かつてのAVアイドルも大人の女性になっていた。

いう映画にも出させてもらったので2回目ですね」

銀杏BOYZ『恋は永遠』のMVで主演 川崎ロック座が舞台

――２０１７年に銀杏BOYZ※の『恋は永遠』のＭＶにも出演されていますが、こちらのきっかけは何ですか。

「ストリップを舞台にしたＭＶを撮りたいって話が出たときに、長年応援してくださっていたファンの方が『矢沢ようこがいいよ』ってプッシュしてくれたんです。それで当時、私は大阪の舞台に上がっていたんですが、監督の三浦大輔※さんと制作スタッフが一度観にきてくれて、ぜひ矢沢さんにってお声掛けいただきました。振り付けやイメージ画像をもらって進めていった感じですね。あのときは不眠不休でロケを敢行して、結構大変でした(笑)。川崎ロック座のステージで撮影しましたね」

――歌詞に「ロックのレコード」という一節があるのでロック座さんへの敬意かなと思いました。そういえば、「ロック・イン・ジャパン」でボーカルギターの峯田和伸さんがライブ中に全裸になったこともありましたね。

※**銀杏BOYZ**
日本のロックバンド。カリスマ的な人気を誇った「GOING STEADY」の解散後、２００３年にギター・ボーカルの峯田和伸がソロ名義で結成。印象的な歌詞とポップなメロディーで高い評価を得ている。

※**三浦大輔**
１９７５年生まれの劇作家、映画監督。大学在学中に劇団「ポツドール」を立ち上げ、性風俗などをテーマとした会話劇で注目を浴びる。２０１４年には、自身の戯曲『愛の渦』を映画化。

「そうなんですね。いやあ、ほんとMVに出してもらって光栄です。触れられそうで触れられない、とても神秘的な映像に仕上がってますよね。この間、Youtubeを観たら150万再生を超えていてびっくり（笑）」

――MVでパフォーマンス中にお客さんがチップを渡すシーンがありましたが、本当は演舞中に渡すのはダメなんですよね。

「そうですね、チップは演目が終わった後のオープンショーのときですね」

――ストリッパーのお仕事は相当ハードですよね。

「1日に4公演あって20日間休みナシと結構ハードです。1日4公演の間に20分の中休憩が4回あるので、その間にタウリンとかキューピーコーワとか飲んで（笑）。あとはニンニク注射を打ちに行ったり、とにかく自己管理が命です。だいたいお昼から公演が始まって22時30分まで踊り続けて……開演中は食事はとりません。食べると動けなくなっちゃうし、集中力が持たなくなるので」

――理想的なボディになる秘訣はありますか。

「ウォーキングはこまめにしてたけど、最近はそれだけでも筋肉が落ちてしまいがちなので、別のトレーニングをしようかなと考えているところです。周りからも、もう少し肉をつけた方がいいと言われることが多くなって、コロナの時期に少し意識的に体重を増やし

その後も『何者』『娼年』など話題作を世に送り出している。

てその状態で久しぶりに踊ってみると、こんなにきつかったんだと驚愕しました。長年続けてきて思ったことですが、やっぱり女は見られてナンボです。そういう意識で自分の身体に興味を持つことが大事かなって改めて思いますね。特に女性は人に見られる事で身体が大きく変わると思うんです」

ストリップに涙を流す人も踊り子の魂、「裸」を見透かされる

――最近は女性ファンも多いみたいですね。

「女性のお客さんも増えてきましたね。**女性割引**※もあるので、女性同士でこられる方も。最近は女性からお手紙いただく機会も増えましたね」

――矢沢さんのステージを見て泣いてる方がいらっしゃいましたね。

「見せるのは裸ですけど、見えてるのは中身というか、踊り子の魂が透けて見えると思うんです。何かに共鳴して涙を流してもらえるのであれば、ほんと踊り子冥利に尽きますね。踊り子の素の部分、文字通り〝裸〟を見透かされてしまうものでもあるので、ストリップはごまかしがきかないんですよ。以前出演させてもらった映画の時も監督さんから私が

※**女性割引**
浅草ロック座の場合、男性の一般料金は６０００円、女性は４０００円で鑑賞できる。

踊っているシーンで泣かれる方が多いというお話を聞いたことがあります」

――ストリップの世界もデビュー当時と今で変化はありますか。

「今は若いお客さんも増えて、歌ったり踊ったりするアイドルのようなストリップもあって、ストリップも遂にここまできたのかあと感じる半面、限られた大人の人だけが楽しめるノスタルジックなものでもよかったのかなと思うときもありますね」

――何となく伝統芸能のようなイメージを持っていました。

「私もそれを知りたくてこの世界にいたような気がします。家業ではないけど、お姉さんに従い覚えて、伝統を受け継いでいく感じですね。今はもうなくなってしまったけど、昔は踊り子さんの流派もありました。私はＡＶ女優だったので踊り子さんの流派にはなんとなく入りずらい雰囲気があったけど、すごく素敵で憧れていたんです。だから、踊りをがんばれたのかもしれませんね。お客さんもそうですけど、他の踊り子さんたちに踊り子として見てもらえるようになりたい、と思っていたから」

――ＡＶ女優さんにインタビューさせていただくと、人間としてリスペクトしてしまって、その人のＡＶを見ても欲情しなくなるというか（笑）。神格化してしまったりしますが、そういった方もいらっしゃいますか。

「本当ですか。そんな風に見てもらえるのは嬉しいですよ。同じ人間なのに（笑）。でも、リスペクトの気持ちとエロの相性が悪いっていうのは興味深いですね。ステージに立ってる時にカリスマ的な存在でいなきゃいけない、って気持ちと同時にお客さんとフレンドリーでもありたいっていう思いがあって、お客さんとの距離感をいつも探りながら踊ってますね。お客さんのリアクションを見て私もパワーをいただいてるし、不思議なエネルギーが充満している空間です。ストリップもある意味、ＡＶと同じくファンタジーの世界なのかな。リラックスして思い思いに楽しんでいただけたら、矢沢は喜びます（笑）」

『ギルガメッシュないと』出演などＡＶアイドルとしての活動、実の姉との共演、身体の柔らかい矢沢さんでも音を上げたという過激なＳＭ作品……ＡＶ女優として誰よりも濃い経験をしてきた矢沢さん。

お話を伺っているうちに、これまでの人生で積み上げてきた経験が、ストリップの舞台で花開いているようにも感じた。心を揺さぶる踊りを見る者に届けるために……、矢沢さんは今日も舞台に上がる。

【特別インタビュー】

伝説の裏ビデオ

『洗濯屋ケンちゃん』を撮った男

藤井智憲

——Tomonori Fujii

１９８2年に流通した日本初の裏ビデオ『洗濯屋ケンちゃん』。総売上10億円以上とも言われる伝説の作品で、街の家電店がＶＨＳビデオデッキ（当時20～30万円）の購入特典として配布し、ビデオデッキの普及に大きく貢献したとされる。

日本で初めて顔射シーンを映像化した作品であるとも言われ、裏ビデオの代名詞的な作品となったが、制作スタッフ、主演男優、監督らが「**わいせつ物頒布等の罪**※」などで逮捕される事態となった。

アメリカ向けに本番のあるハードコアポルノを作ろうとして、モザイクを前提に制作した本作がなぜ流出したのか。いまだ謎に包まれた『洗濯屋ケンちゃん』の制作秘話を藤井智憲監督が赤裸々に暴露する。

アダルトビデオ誕生の時代 アメリカ向けに本番のビデオを

――アダルトビデオ第1号は日本ビデオ映像が１９８１年5月に発売した『**ビニ本の女・秘奥覗き**※』および『**ＯＬワレメ白書・熟した秘園**※』と言われていますが、当時「アダルトビデオ」という言葉もない時代ですよね。なんていう風に呼ばれてたんですか？

※**わいせつ物頒布等の罪**
刑法１７５条で規定される犯罪。わいせつな文書や画像を公衆に広めたり有償提供（売買や貸与）する目的で所持・保管すると、2年以下の懲役もしくは２５０万円以下の罰金などが科せられる。

※『**ビニ本の女・秘奥覗き**』
主演は女優の竹村祐佳（ゆか）。竹村はロマンポルノを中心に、多数の作品に出演していた。

※『**ＯＬワレメ白書・熟した秘園**』
主演は女優の青野梨魔（りま）が主演。青野は１９７３年から青野梨麻や青野リマ、青野梨魔など様々な名義でロマンポルノ系の映画で活躍した。

藤井智憲（ふじい・とものり）
1948年生まれ、青森県出身の映画監督、俳優、プロデューサー。これまで400本以上の映画、テレビドラマ、CMなどにかかわる。1982年、いまや伝説となっている日本初の裏ビデオ『洗濯屋ケンちゃん』を監督。主な出演作に『仁義なき戦い』『コミック雑誌なんていらない！』、NHK大河ドラマ『元禄太平記』、『ケーキ屋ケンちゃん』など。

「エロビデオだよ（笑）。まだ8ミリっていうのがすごい貴重品だった時代で。ブルーフィルムっていう昭和のエロ映画もあったんだけどね。ブルー・フィルムの中にも良いものがあって**『風立ちぬ』**※なんてブルー・フィルム史上最高傑作なんて言われて」

——ケンちゃんを作られた経緯から伺いたいです。

「特撮ドラマ**『コメットさん』**※なんかを手掛けたフリーの監督で出口富雄さんていう人がいて、NHKのプロデューサーの堀内和夫さんていう人と俺のところにきて、アメリカ向けに本番のあるハードコアポルノを作ろうという話になったわけ。日本はヘアもダメだし本番もダメだけど、アメリカのほうはセックスにオープンだから。日本版はボカシが入ることを想定してね。でもね、あまり知られてない話だけど、日活ではあの頃、半分くらい女の子は前貼りしてなかったよ。面倒くさいっつって（笑）」

——ビデオの内容は決まっていたのですか。

「最初、出口さんが脚本を持ってきて彼が監督やるって話だったのよ。でもその脚本が全然つまんないの。ババアを犯す話（笑）。俺は即座にノーって。アメリカに持っていくなら、もっとシンプルで面白いものがいいって。そしたら藤井君、脚本書いてって話になって」

——監督自らが書かれたということですね。

「今までのはさ、ブルーフィルムもそうだし、エロビデオにしても、とにかくジメジメ暗

※**『風立ちぬ』**
高知県で活動していた「土佐のクロサワ・グループ」と呼ばれた海老原グループが1951年に制作。幻想的なカメラワークが特徴で、ブルーフィルムに初めてリリシズム（抒情性）を取り入れたと評判になった。翌年に撮った『柚子ッ娘』とともに作家の野坂昭如から「モノクロの二大傑作」と評されている。

※**『コメットさん』**
1967年7月から68年12月に第1期、78年6月から79年9月に第2期をTBS系列で毎週月曜19時30分から放送された特撮ドラマ。宇宙からやってきたコメットが地球での困りごとを魔法を使って解決していく。

いのよ。もっとカラっと明るいものにしたかったの。明治以降のその、女の人が虐げられて、性の奴隷になっちゃってみたいなね。出口さんが書いてきた脚本も東北出身のお婆さんが主役で苦労をして、まるで『おしん』※が年取ったみたいな感じなわけ（笑）。俺の考えとしては、セックスというのは楽しいもんであると」

――確かに昔のアダルトビデオは暗いイメージがあります。

「もしセックスが後ろ暗いものであるなら、俺たちが生まれたことを否定することにも繋がるわけじゃない。男尊女卑みたいな当時の風潮も大嫌いで、俺はもっと逆に女の人は素晴らしいと。男ばっかりがいい気持ちになるんじゃそりゃ不公平だろうって。まあそんなことから、こんなのどうって書いたのが『洗濯屋ケンちゃん』。タイトルは当時人気だった地上波のドラマ『ケンちゃんシリーズ』※から俺がつけた。出口さんに見せたら面白がって、これで行こうよ！って」

ケンちゃんは古き良き昭和のドキュメント 洗濯屋はみんなイイ男

――当時、「ケンちゃんシリーズ」は優良番組として、何度も表彰された国民的な番組だっ

※『おしん』 1983年4月から翌年3月まで放送されたNHK連続テレビ小説第31作。1年間の平均視聴率は52・6％、最高視聴率は62・9％で、未だ打ち破られることのないテレビドラマの最高視聴率を記録。山形の貧しい小作の娘、おしんが明治・大正・昭和の激動の時代を必死に生き抜く様を描く。原作・脚本は橋田壽賀子。

※『ケンちゃんシリーズ』 1969年から1982年までTBS系列で放送された子ども向けテレビドラマシリーズ。1962年から1969年まで放送された「チャコちゃんシリーズ」の後継で、チャコちゃんの弟として登場していたケンちゃんを主人公にしたほのぼのとしたホームドラマ。

たわけじゃないですか。本家からのクレームっていうのはなかったんですか（笑）。

「全然ない。もう昔からね、酒屋の小僧でも何でもね、注文を取りに行ったわけよ。その中で洗濯屋さんていうのが非常に重宝がられた職業で、基本的にイイ男しかなれなかったのね。今でいえばイケメン」

――へぇ、そうなんですか。

「だから若奥さんやなんかは、あそこの何とか屋さんの何とかちゃんはいい男ねって、今日は飲まないけど1本余計に頼んじゃおうかしら、なんつってさ、それぐらいのもんだったんだよ」

――「ケンちゃん」が古き良き昭和を映し出すドキュメント作品のように思えてきました。

「男連中もやっぱりそういう職業にプライドがあったし、すごくきれいにしてたし、ほかの仕事をやってる男連中よりはキリっとしてたってのはやっぱりある。で、その中でも洗濯屋ってのは一番エリートっていうか『あの洗濯屋界隈の一番の子を口説けるなんて最高よ』みたいのは女の子の間で話題になったりしたの」

――ケンちゃん役はどうやって決めたのですか。

「近代座っていう劇団で俺は演出とかやってたんだけど、その劇団でシェイクスピアとかの劇をやってた※**久野一之**という俳優にケンちゃんの役を俺が頼んだの。久野ちゃんは芝居

※**久野一之**
もともとはミュージカル劇団の所属俳優だった。『洗濯屋ケンちゃん』出演後、1983年に「きたばやしけん」名義で海外輸出向けのポルノ映画『高野聖』と『帰ってきた洗濯屋ケンちゃん』に主演している。

もうまいし、非常に気を遣ってくれる子だし、テレビにもちょこちょこ出てたから安心して任せられるかなと。当時28歳だったかな」

——女優さんの候補はいたのですか。

「最初はうちの奥さんの日野麗《うらら》を思い浮かべたの。アングラ劇団『**黒テント**※』にいた女優。奥さんに久野ちゃんと絡んで本番やらないか聞いてみたのよ。彼女はそんなので驚くタマじゃないんだけど、久野ちゃんはよく知っている芝居仲間だから何かちょっとやりづらいって（笑）」

——奥様のAVも撮られてますよね。『性芯異常者　38歳の挑戦』という作品のパッケージに「このビデオの藤井監督と女優うららは実生活では正式の夫婦である」って書いてありました。

「そうそう。いわゆる人妻、熟女系ビデオのハシリだね。奥さんとは3本撮ったかな。俺は男優経験はなくて監督だけね」

——奥さんでAVを撮ることに抵抗はなかったですか。

「そんなのあるわけないよ。彼女は演技も素晴らしいし、ほんとあんなイイ女いない。俺が独り占めしちゃうのは世間に申しわけない（笑）」

——ケンちゃんに出演した2名の女優さんもお知り合いの方ですか。

※黒テント
1968年、劇団六月劇場と劇団自由劇場が結成したグループ「演劇センター68／69」を母体とする劇団。現在は「劇団黒テント」が正式名称。60年代後半から70年代前半のアングラ演劇ブームを代表する劇団で、代表作に「阿部定の犬」「比置野ジャンバラヤ」「黒色テント版・三文オペラ」など。

「〝炎のナンパ師〟の異名を持つ、矢島君っていうスカウトマンが女の子2人連れてきたの。矢島君はカメラマンの松川健次郎さんって人から紹介してもらった。ケンちゃんのタイトルのあれは松川さんの手書きなんだよ」

日本初の顔射シーン
浮世絵で誤ったニッポン男児観

――日本で初めて顔射シーンを映像化した作品とも言われていますが。

「うん。だってやっぱ男がイクってのは、精液が出るか出ないかでしかわからないじゃない。中に出しちゃったら出したかどうか本人にしかわからない。海外向けだし、結局、生で本番やって、『中には出しませんよね』なんて女の子が心配してたけど、顔射云々って俺が言ったのは、女の穴と口って同じじゃないかと。だとしたらやっぱ口に近いところで出すのが趣があっていいんじゃないかって。それで、この顔射を海外の連中が真似たのよ。それまでは、アメリカのポルノでも顔面発射なんてなかったんだから」

――当時はアメリカ人に日本のポルノっていうのは人気があったんですか。

「いや、人気があるもなにも。一番なのは**喜多川歌麿**※。要するにあの錦絵、浮世絵。あれ

※喜多川歌麿
葛飾北斎や東洲斎写楽など

はもう、ヨーロッパでももちろんアメリカでもすごく人気があって。まあこれは誤解なんだけど、葛飾北斎やなんかの浮世絵を見て『日本人の男のオチンチンは大きい』みたいなね。で喜ばせる技術は、日本が一番だみたいな。なんか喜ばしい誤解なのか、悲しい誤報なのかよくわからないけども、そういうのが蔓延していたらしいのね。プロデューサーの堀内さんから聞いた話なんだけど」

——そうだったんですね。あの青姦のシーンのロケ地は現在の「夢と魔法の王国」が建ってる場所なんですか。

「そうそう。人がこなくて眺めがいいところを探してさ。工事が始まってて、進入禁止の札があって。埋め立てのためのトラックがダーッと走ってるし。そこに入る時にも検問みたいな小屋があったのよ。管理のおじさんから許可証なきゃダメだって言われたんだけど、『すいません。東映でーす！　ちょっとアクションものを撮りたいんで、あとで制作責任者が許可証持ってきますんでよろしくー！』って突破した」

——よく突破できましたね（笑）。

「まあ、あの時代の映画屋さんてのはね。もうどこに行っても、クラブ行っても、すみませーん。ちょっとここのクラブの梯子《はしご》を貸してください、みたいなさ。もう嘘ばっか言ってね。**小林旭**※がきます。なんてさ。きやしないのに（笑）」

と並び、世界的に知られている江戸時代の浮世絵師。男女のまぐわいを描いた「春画」も多数残しており、それらが海外に輸出されたことで「歌麿＝巨根」のイメージができたものと思われる。

※**小林旭**
１９３８年生まれの俳優、歌手。『熱き心に』などのヒット曲、ヒット映画、そして伝説的なエピソードを持つ昭和の大スター。現在は独特な味わいの通販番組で知られる「夢グループ」に所属している。

――当時は埋め立てを始めた時期で、海はまだあったんですか。

「うん、海はまだあった。『海は広いな大きいな』って劇中で歌ってたでしょ（笑）」

――「海は俺の青春だー！」ってケンちゃんが叫んでましたね。『海』※の歌を聴くといつもあのシーンを思い出しちゃいます（笑）。

「あれは俺が叫べっつったの。これまでのＡＶは暴力団がらみだったり、さっきも言ったけど内容がほんと暗いのよ。明るいセックスを打ち出していきたいのにそれを暗くしようっていうやつがいるわけ。モザイクで隠した方が勃起するとかさ。それはお前がもともと勃起不全なんだって。いま高齢者がどんどん増えて無駄な金を使ってるわけよね。だからね、勃起しない老人は悪いけど速やかに死んでもらうと。ちゃんと発射して、生殖可能な男だけ生かしておくと。そういう風にしたらどうかね（笑）」

――こんなこと聞くのも失礼なんですけど、監督のおちんちんは現役なんですか。

「もちろん。めちゃくちゃ元気だよ。27歳のコレがいるし（笑）。みんなさ、60過ぎたらダメだとか言うけど、それはサラリーマン諸氏の誤解だね。男はヤレばヤルほどいい。やっぱり機械と同じで使わないと錆びる。そういえば、うちの奥さんがさ、『セックスを陰とすること自体、男側の単なる観念でしかないんじゃないか、と。女の側では逆に陽の事象であると思う』なんて。素敵なこと言うんだよ」

※『海』
1941年に発表された童謡。文部省唱歌。作詞は『春の小川』の現代語訳で知られる林柳波、作曲は『こいのぼり』『ぞうさん』の井上武士。このコンビで『虫のこえ』も作っている。

ケンちゃんはほとんど監督の実話
高校の卒業記念に皇居で性交

——カメラワークもさることながら、ケンちゃんの物語が秀逸ですよね。得意先の人妻をデートに誘って河原でセックスして、後半は親友の恋人を騙してラブホテルに誘い出して、強引に押し倒すという展開ですね。

「実はあれ、俺が見たこと、経験したことがほとんどなんだよ。友達の恋人を騙してヤッちゃうとかさ」

——え、そうなんですか。

「俺が青姦したのは河原じゃなくて皇居なんだけどね。18歳の時、卒業記念にね。今の千鳥ケ淵、あそこらへんは昔は入れたんだよ。皇居でAV撮るわけいかないじゃん（笑）」

——ケンちゃんのロケ地になったラブホテルの「**ホテルSUN**※」はまだありますね。

「そう。歌舞伎町のホテル。外から見た雰囲気はだいぶ変わったけどね」

——ケンちゃんが女の子を強引に押し倒して「人生、生きてりゃ色んなことがあるさ」っていうセリフもケンちゃんが過ちを犯してるのに妙な説得力があって。不思議とケンちゃ

※**ホテルSUN**
東京・新宿歌舞伎町2丁目にある老舗ラブホテル。『洗濯屋ケンちゃん』では、ケンちゃんが友人の恋人であるキョウコとの逢瀬に使った。

んがんばれ！　って思ってしまうのはケンちゃんのキャラクターに魅力があるからでしょうね。

「ケンちゃん、セックスの時もボールペンを耳に挟んで、仕事に生きる粋な男でしょ」

――『洗濯屋ケンちゃん』は音楽もすごくいいんですよね。あれは監督の選曲なんでしょうか。

「全部俺の選曲。The Milan Pilar Group の『Speedy』っていう曲ね。一応俺はロックンローラーで※**内田裕也**さんと『※**ワンステップフェスティバル**』っていうのを一緒にやってた人間ですから。日本初の野外フェスティバル。裕也さんのことアニキ、アニキってずっと呼んでてすっごく可愛がってもらって。俺が一緒にいるといつもご機嫌だったのよ、映画『※**コミック雑誌なんかいらない！**』、あれも裕也さんに呼ばれて出演したよ」

海外スターも「洗濯屋ケンちゃん」を評価
自らも「ケーキ屋ケンちゃん」に出演

――内田裕也さんも、『洗濯屋ケンちゃん』をご覧になっているんですか。

「もちろん観てるよ、裕也さんからハワイの日本街っていうのがあって、そこのビデオ

※内田裕也
１９３９年生まれの歌手、俳優、映画監督。口癖は「ロケンロール」。歌謡曲が中心だった頃にプレスリーのカバーを行うなど、ロックを日本に広めたことから「日本ロック界の首領（ドン）」と称された。２０１９年、肺炎のため79歳で死去。

※ワンステップフェスティバル
１９７４年８月に福島県で開催されたロック・フェスティバル。沢田研二やキャロルら日本人ミュージシャンに加え、アメリカからオノ・ヨーコも参加。日本最大のロックフェスティバルと呼ばれた。

※『コミック雑誌なんかいらない！』
１９８６年公開。監督は滝田洋二郎。内田裕也が主演

ショップの玄関に、日本のポルノ映画監督のスーパースターとかって、お前の写真飾ってあったよって教えてもらって。樹木希林さんは笑ってたもん。こんなのやんないであなたもっとちゃんとしなさいよって（笑）。希林さん、金ないときによくご馳走してくれて」

――海外のスターの方で『洗濯屋ケンちゃん』をご覧になられた方っていないですかね。

「フランスの俳優の**ジャン＝ポール・ベルモンド**※。彼はちゃんと観てくれて。笑ってしいねって」

……トム藤井、あんなもんで日本はトムのことをただのポルノ監督っていうのか。ああいうものを撮れる人だからもっと映画を撮らせろって言う風にはならないんだね、日本は貧

――凄いですね。撮影は何日間だったのですか。

「たしか1982年の8月、2日間。この82年ていうのが、地上波でやってた『ケンちゃんシリーズ』が終わった年でもあるのよ」

――藤井監督も地上波の「ケンちゃん」に出演されていたんですよね。

「そう。『ケーキ屋ケンちゃん』で隣のおじさん役を演った。あと漫画家の石ノ森章太郎先生ご指名で東映の『**快傑ズバット**※』っていうテレビドラマに〝殺し屋トム〟っていう役名で出たよ。石ノ森先生を拉致するトランペット吹きの殺し屋の役（笑）。トランペットの横のボタンを押すと吹き矢が飛ぶって馬鹿馬鹿しくていいよね」

と脚本も務めた。日航ジャンボ機墜落事故やロス疑惑など実際の事件が登場し、ワイドショーに踊らされる大衆への皮肉を込めた問題作。タイトルはロックバンドの頭脳警察の楽曲タイトルから付けられた。

※**ジャン＝ポール・ベルモンド**
フランスの俳優。1959年、ジャン＝リュック・ゴダール監督の『勝手にしやがれ』に主演し、大ブレイク。世界的な大スターとなった。

※『**快傑ズバット**』
1977年に東京12チャンネルで放送された特撮ドラマ。さすらいの私立探偵、早川健が殺された親友である飛鳥五郎のかたき討ちのため、日本中を旅する。

——石ノ森先生ご指名ですか。凄いですね。

「うん。飲み屋で会ってたんだよね。なんか急に声かけられたんだよ。あなたのキャラクターを自分の漫画に使いたいって。俺の顔がね、何作か漫画本に出てますよ」

——役者をされたのはいつからですか。

「子どものときに松竹にスカウトされて、子役でテレビドラマにいくつか出てるのよ。大船撮影所ってところに行ってね。きれいな女の人がたくさんいて、チヤホヤしてくれるしさ、それが楽しくて行ってたようなもんだから。『かあさんの四季』※っていうフジテレビのドラマはほとんど主役でレギュラーで出てんだよ。で、中学の時に器械体操ってのに夢中になって、器械体操やっててもなんか芝居のことは気になってて。大学の時に文学座ってとこに入ったのよ。昔から原田芳雄に憧れてた」

——役者から監督に転向されたきっかけは。

「岡本喜八さんの『独立愚連隊』※っていう映画観て、もう大らかだし皮肉もあるし、こういうの作ってみたいと思ったのがきっかけ。その当時、日本映画学校ってのができる頃で映画監督の今村昌平※さんとうちの親父が仲良くて、親父にもう役者やめるわって話をしたら、だったらお前勉強しなおせよってことで、イマヘイさん（今村昌平さん）の学校に入ったんだよ」

※『**かあさんの四季**』
1972年にフジテレビ系列で放送されたテレビドラマ。京塚昌子演じる平凡な主婦と北村和夫演じる万年課長の夫、その子供たちによる家族の交流を描くホームドラマ。

※『**独立愚連隊**』
1959年に制作された戦争アクション映画。第二次世界大戦末期の北支戦線を舞台に、弟の死因を究明するためにやってきた元鬼軍曹の活躍を描く。

※**今村昌平**
1926年生まれ。58年に『盗まれた欲情』で監督デビュー。83年の『楢山節考』97年の『うなぎ』で2度のカンヌ国際映画祭グランプリを獲得した。

――〝俳優〟藤井智憲の出演場面――

『快傑ズバット』第10話「野球の敵を場外へ飛ばせ」より（1977年4月6日放送、東京12チャンネル）

『ロボット110番』第20話「百万円の大チャンス」より（1977年9月2日放送、テレビ朝日系列）

映画『コミック雑誌なんかいらない！』（滝田洋二郎監督、1986年公開）より
主演・脚本を務めた内田裕也と共演

『洗濯屋ケンちゃん』のオープニング画面。同作は『Ken Chan, the Laundry Man』というタイトルで、アメリカでも1984年に英語字幕版が流通した。

――1期生なんですか。

「そう。喜八さんが学校に授業を教えにきてて、喜八ゼミに入ったんだけども、もういろいろと教えていただいて。学校なんてこなくていいから出てけってさ。お前の場合は学校にいたって何したってね、書くものも面白いしやるものも演出向いてて面白いからって。で、喜八さんから、もう名刺に映画監督って刷っていいよって言われて」

――喜八監督のお墨付きだったのですね。

「で、監督の声が掛かって東映に行ったの。それで『ロボット110番』※っていう特撮に出たんだよね。今度は泥棒の役（笑）」

テレビ局、全局出禁
香港で撮った『恐怖のワニ人間』が大ヒット

――これまで数々の映像作品を手掛けてこられましたが、そのうちＡＶは何本ぐらいでしょうか。

「ＡＶも100本くらい撮ってる」

――裏ビデオは何本くらいでしょうか。

※『**ロボット110番**』
1977年にテレビ朝日系列で放送された子供向け特撮番組。ロボット博士が生み出した4体のロボットが何でも屋的な「ロボットサービスセンター」を設立。人助けのために働くというストーリー。

「俺が記憶しているのは3本。プロデューサーが俺には裏とは言わないのよ。だって『ケンちゃん』自体、アメリカに売るからっていうんで撮ったら勝手に裏として販売されててさ。俺もいい加減なんだけど、現場がすごく好きだから、何でもOK、OKって安請け合いしてた。それで『洗濯屋ケンちゃん』のおかげで、すべてのテレビ局出入り禁止」

――すべて出禁ですか。

「東映でもVシネマ撮ってたんだけど、俺が撮ったやつは全部名前を変えられちゃって。ああ日本ってこんなもんなんだと思って、そうこうしてるうちに香港のプロデューサーから声を掛けられて香港に飛んじゃったの。向こうの劇場映画を中心に撮ってたんだけど、『恐怖のワニ人間』っていうAVも撮ったなあ」

――それはエロホラーでしょうか（笑）。

「香港はね、ヘアはその当時OKなのよ。だけども、人間の手が女の人の肉体に触っちゃいけない。それでポルノを撮れっていうから、どうしようかなって。それで裸はOKだしって思ったときに、だったら彼女が全裸になってシャワーを浴びて、そこに男が裸になってシャワー室に入って水をかぶるとワニに変身すると。それで、ワニになったとこでおっぱいギュっとこう握ればさ、これは違法にならないから（笑）」

――天才ですね（笑）。

「これがね、香港で大ヒットしちゃったのよ。それで、第2弾、第3弾っていうね、なんかね、第14弾までできたらしいよ。俺が撮ってるんじゃないけどね。そんなの真似すりゃいいんだからさ。ＡＶ以外だと**サモ・ハン・キンポー**※とも撮ってたな。**ジャッキー・チェン**※とも撮ってるし」

――え、そうなんですか。

「うん。ジャッキーは俺が香港いた時はまだぺーぺーで、『**酔拳**』※撮ろうか撮らないかっていうときで、まだ彼が振り付けをやってた時代なのよ」

――ブレイク前のジャッキー！　貴重ですね。

「向こうは台本書いちゃいけないのね。台本書くと盗まれるから。朝集合して、その場で今日はこういう感じで撮るから、でスタッフ集まれっつって、ダーッと行って、夜になって帰ってきて、監督どうするかっていうから、明日はこの繋ぎでこう行こうと。で突然、こっからパリに飛ぼうなんていうとさ、その当時はお金出るのよ」

――資金が潤沢だったんですね。

「で、俺も調子づいて、大泥棒の話にして、香港で泥棒したものを売りにパリ行くと。でパリで何とかっていう小悪党と知り合って、それまたタッグを組んでカナダに飛ぶっていうさ」

※サモ・ハン・キンポー　1952年生まれ。香港出身の映画監督で俳優。1973年『燃えよドラゴン』でブルース・リーのスパーリング相手役として注目を集め、78年に監督・主演を務めた『燃えよデブゴン』でカンフーコメディのスターとなる。

※ジャッキー・チェン　1954年生まれ。香港の俳優、映画監督。1962年『大小黄天覇』で映画デビュー。カンフー映画に独自のコメディ路線を打ち出しアジアのトップスターとなる。98年の『ラッシュアワー』の大ヒットで、ハリウッドスターとしての地位を確立した。2016年、アカデミー名誉賞を受賞。

――大がかりですね（笑）。

「俺はただ旅をしたかっただけなんだけど（笑）。そういうことがね、当時できたのよ」

――『ケンちゃん』で干されて正解でしたね（笑）。

「中国行ったときは、〝トンポーロー〟って名前でやってたよ」

――トンポーロー？

「とっぽいやつって意味なの（笑）。当時流行った言葉でとっぽいやつってのはね、ちょっとイカしたわけのわかんないバカ男っていう意味なんだよ（笑）。俺ね、すごく幸せだと思うのはね、ほかの人が会いたくても会えないような人にたくさん会ってるのよ。ジョン・レノンとオノ・ヨーコのところに居候させてもらったりね。ケンちゃんを世に出す2年前にジョンがピストルで撃たれちゃったけど、ジョンが生きてたらケンちゃん観せたかったな（笑）」

わいせつ物頒布等の罪で逮捕
家庭用VHSデッキの普及に貢献

――オリジナルには上映時間が異なる版がいくつかあったのですか。

※『ドランクモンキー 酔拳』
1978年に制作された香港映画。酔えば酔うほど強くなる秘伝の拳法〝酔八仙拳〟を師匠から受け継いだ若き弟子が、かつて侮辱を受けたごろつきたちに復讐するまでを描く。

「俺が編集したのは45分尺のやつで、おそらくプロデューサーが編集したであろう60分のがあった。で、あと俺が荒編をするために、切り捨てておいてこんな並びだよねって仮編をする前の段階の30分のやつがあったね。上野に当時、編集スタジオがあってそこで仮編は済ませたんだよ。45分で仮編をして、タイトルつけて、音入れしてそして出演者の名前出すか出さないかって話になったんだよ。これアメリカで云々だったら、やっぱり日本語じゃなくてローマ字で入れたらいいよねって話をして。で、仮編が終わって本編に入るまで時間を置こうって話になって。それでいつ本編しようかって話をしてる時、突然『洗濯屋ケンちゃん』事件って週刊誌に出たんだよ。友達から聞いてもうびっくりしちゃって」

――監督は裏ビデオだと聞いてなかったのですね。

「全然聞いてない。それで出口さんが『わいせつ物頒布等の罪』で逮捕されたんだよ。懲役6か月執行猶予2年くらって、出口さんのプロダクションの人も逮捕されて。俺のことも警察が探していて、うちの奥さんのとこにきたんだよ。でも俺は当時、東京女子大に通う愛人の家にいて（笑）」

――家宅捜索されたんですか。

「うちの奥さんが『家捜し』するには令状が必要だから見せなさいって言ったらなくて追い返しちゃったのよ。そういうところもうちの奥さんはものすごくピシピシッとはっきりしてて、警察がこようが何しようがまったく動揺しない。ヤクザがこようがうちの奥さんは動じないから」

――ヤクザがくることもあったんですか。

「大阪のヤクザの女を俺がAVに使っちゃったから。うちの女をどうだこうだって言ってうちにきたらしいのよ。そしたらうちの奥さんが、ふざけんじゃないわよって、そんな女に逃げられる男はどうたらこうたらって啖呵切ったらしいんだ（笑）」

――さすが監督の奥様。只者じゃないですね……末端の販売総数は13万本、視聴者の総数が500万人、総売り上げが10数億円とも言われていますが監督は儲かったのですか。

「監督代10万円もらえると聞いてたのに、結局もらい損ねてしまって……俺一銭ももらえずじまい」

――え、そんなことあるんですね。それぞれの出演者のギャラはおいくらでしょうか。

「男優の久野ちゃんがたしか10万円、女優さんも1人10万円だったかな。カメラマンも20万か30万もらってるはずだよね。総製作費は300万円ぐらいだったと思う。俺だけだよもらってないの」

――ケンちゃんがきっかけで家庭用VHSデッキが普及したって言われてますよね。

「うん、当時デッキが20万円近くしたのよ。ソニーとパナソニックで**ベータマックスとV**※

※ベータマックスとVHSが競争
家庭用ビデオレコーダーの規格争いで、「ビデオ戦争」とも呼ばれる。家庭用ビデオ創成期、カセットの規格は様々なものが乱立していた。そんな中、1975年にソニーが文庫本サイズの「ベータマックス」を発表。翌年、日本ビクターがVHS方式のビデオカセットを発売したことで、日本の電機メーカーが2つの陣営に別れて、熾烈な販売競争を繰り広げた。最終的には画質の良さ、録画時間の長さ、販売店の多さなどの理由からVHSが圧倒。勝ったVHSは日本初の世界標準規格になった。

ＨＳが競争してた時代。ＶＨＳの方が勝ったでしょ。俺んとこにね、**松下さんからお礼状がきた**※んだよね（笑）。ありがとうございましたって。ソニーさんからも研究所を見にきてくれと招待状がきた。カメラなんかもいただいちゃって」

――当時、商店街とかの家電屋さんでＶＨＳのデッキを買ったらケンちゃんをダビングしてもらえたんですか。今の時代では考えられないですね。

「いま思えば漫画的世界よね。その時に30分のビデオをつけたはずなのよ。30分版を持ってたのは出口さんなんで。おそらく出口さんのところにすんごい金が入ったんじゃないかな。それで警視庁が動いたんだよ」

――監督も捕まったんですか。

「そう。警察に出頭して、あのー『ケンちゃん』の監督ですけどって言ったら、へ？ちょっと待ってくださいって言われてさ。いまちょっと逮捕状を……つーから、えぇーって話になって」

――取り調べの様子はどんな感じだったのですか。

「『ケンちゃん』の試写をやって、薬をやったのかとか体位はこれ無理やりさせたのかとかいろいろ聞かれてさ。当時、俺が吸ってた**ゴロワーズ**※の煙草が怪しいとか鑑識に持っていかれて。ゴロワーズっていうのは言ってみりゃフランスのハイライトだよね。たしかに

※松下さんからお礼状がきた
ＶＨＳを開発した日本ビクターは当時、松下電器の子会社。松下電器もＶＨＳ陣営だった。

※ゴロワーズ
スペインのタバコ会社アルタディスが製造販売するタバコの銘柄。黒煙草という発酵させた煙草を用いているため、独特な香りがある。

匂いが大麻と似てるのよ。俺はもうその当時ニューヨーク行ってるから、コカインもヘロインも知ってるし、アメリカで自分が体験してわかってるから」

——何日間、拘束されたんですか。

「4日間、豚箱に入れられたけどいい経験だったよ、俺と同じに入ってきたのが※**一家五人殺しの犯人**だったのよ。で俺また好奇心強いからなんとなしにね、一家五人殺しってほんとに殺したの？　って聞いたら、きちっと正座してハイ……ってこうやるわけ。人殺しってどういう気持ちと？　とかさ、色々取材しちゃったのよ（笑）。4日間のうち一緒にいたのは2日間だけだったけどね」

——殺人犯と一緒に2日間一緒の留置場なんですか。

「警察や弁護士よりも深く彼の内面に迫ることができたと思う。というのもうちの親父が浄土真宗の坊主で受刑者に宗教を説いて改心するよう導く教誨師《きょうかいし》ってのをやってたのよ。死刑囚に最後のお話をする人ね。※『**吉展ちゃん誘拐殺人事件**』の犯人の死刑を見届けた人でもあったのよ。『塀の中の懲りない面々』の※**安部譲二**が出所して作家になったときに、俺のとこに挨拶にきたもん。AV撮ってる撮影現場にきたんだよ（笑）。『監督の父上に府中刑務所時代に大変お世話になりました』って。『私が出所して挨拶に行きたいと思っていたら、お亡くなりになっていたのでぜひお墓参りをさせていただきたい』って」

※一家五人殺しの犯人
年代的に競売物件の占有をしていた家族5人が、その物件を競り落とした不動産鑑定士に殺害された「練馬一家五人殺人事件」（1983年発生）の犯人か。犯人はその後、有罪が確定。2001年に死刑を執行されている。

※吉展ちゃん誘拐殺人事件
1963年3月に東京・台東区で起きた誘拐殺人事件。世間の関心の高さから「戦後最大の誘拐事件」と呼ばれた。

※安部譲二
1937年生まれの作家。元暴力団組員で、自身の服役経験を活かした作品を多数発表。近年は漫画原作者としても活動していた。2019年2月、急性肺炎で死去。

――それまた凄いエピソードですね。

「一家五人殺しの犯人の後に、俺が出るのとすれ違いに暴走族のテッペンが入ってきたのよ。それがテッペンのくせに空き巣に入ったらしくて。でそいつが夜中に急にさ、すいません、すいませんって言うから、どうしたんだよっつったら『ここはオナニーしていいんですか』って（笑）。俺もそれは考えなかったけど、そりゃやっぱまずいんじゃないかって。毛布1枚だし、毛布汚しちゃったらなんか言われるぞって（笑）」

――ケンちゃん役の久野さんも捕まったのですか。

「うん。護送車の中で会ったよ。同じ裁判所に行くじゃない。俺一番前に乗せられて、久野ちゃんがあとから乗ってきた。で俺がバカだから、別に悪いことしたって思ってないから、『おお〜、久野ちん！』って挨拶したら、こっち見ないの。共通の友達にあとから聞いたんだけど、『藤井なんてのは演出もできなければ、どうしようもない男だ。詐欺師だ』って久野ちゃんが言ってたって。俺からアメリカ向けのＡＶだって聞いてたのに日本で裏ビデオとして流出しちゃって俺に騙されたと思ったんじゃないの。でも、久野ちゃんは本当いいやつだし、役者としての力も知ってるしだからこそ一緒にやったわけだから。彼が俺を拒絶してるから一緒にやらないだけであって。久野ちゃんから、おー、藤井って言われれば、こっちもおー、久野ちゃんって、それくらいの腹はあるしね」

——久野さんはその後も役者として活動を？

「そのあと、裏ビデオのスターとして主演依頼がひっきりなしだったみたいよ。海外輸出向けのポルノ映画『**高野聖**』※で主役やったりね。『**帰ってきた洗濯屋ケンちゃん**』※っていう作品にも出てた」

——それはどんな内容ですか。

「裏ビデオじゃなくて普通のVシネマみたいな形になってるね。確かに絡みもあるし、俺も観せてもらったけど、はっきり言って監督が悪いよね。（笑）」

——あの女優さん2名は逮捕されなかったんですか？

「警察から取り調べは受けたけどすぐ釈放されたよ。女優のうちの一人の子が松田聖子の影武者やってた」

——松田聖子さんの影武者？

「聖子ちゃんがアメリカに行ってさ、噂の男といるところを週刊誌に撮られたんだけど、聖子ちゃんに成りすまして、その彼と腕組んでるところを週刊誌に撮らせて、実は聖子ちゃんじゃないよあれはみたいなさ。そのカメラマンもよく知ってんだよ」

——あの女優さんのいずれかが『石鹸屋ケンちゃん』っていうソープランドを経営という噂もあったようですが（笑）。

※『**高野聖**』
1983年に日活が制作した海外向けのポルノ映画。監督は武智鉄二。相手役は後醍醐華子。日本では未公開（グアムで上映された）。海外無修正版が逆輸入されて出回った。

※『**帰ってきた洗濯屋ケンちゃん**』
1983年にフジビデオから発売された成人向けビデオ映画。名和徹哉監督。パッケージの宣伝文によると「洗濯屋ケンちゃん、彼のノックを待つものは？満足をしらぬ若妻、ビデオ裏研に狂う女子大生…『飢えたメスたちよ、そんなに欲しけりゃ、俺が教えてやるぜ！』」とのこと。

「それはない。マスコミだか誰かが作ったデタラメ（笑）。当時、ピンク映画を撮ってる女性監督からは『業界を荒らしやがって馬鹿野郎』とか怒鳴られたりとか、『ケンちゃん撮って女を侮辱した』って言われたりもしたね。ほかの監督からもピンク映画ダメになったのは、あんな本番のビデオなんか撮ったからだって。だからもう嫌んなっちゃったのよ。ＡＶ業界ってこんな世界か、つまんねえなって。ＡＶ業界自体がダメであると同時に問屋がダメだったのもあったけどね」

——問屋ですか。

「問屋の仕入部。あれがやっぱりスケベ根性でしかないわけよ。こだわりのある監督がセックスってこういうもんじゃないかっていう哲学なり思想なんかを持って作ったものを相手にしないで、メッセージ性も何もない薄っぺらで無難なものしか取引しないから。まあ商売だから売れ筋に偏るのは、しょうがないっちゃしょうがないんだけど」

——一番最後にＡＶ撮られたのはいつですか。

「98年ぐらいだったかな。**冴島奈緒**※ちゃんのＡＶが最後かな。40代前半で若くして病気で亡くなっちゃったけどね。凄くいい子だったのよ。当時のＡＶ女優さんね、みんなきれいだった。仕事に対して真面目だし、顔や体がきれいっていうだけじゃなくて、ハートがきれいだったね」

※**冴島奈緒**
１９８７年に『Ｆカップ・ナンバーワン　奈緒の目覚め』（ＶＩＰ）でＡＶデビュー。Ｆカップの巨乳で人気女優となる。91年に活動休止後は、アメリカでヌードモデルなどを経験。以降はバンド活動、女優業、執筆業など活動範囲を広げた。２０１２年、がんにより死去。

サングラスを外した監督。素顔はとてもチャーミングだ。

令和版ケンちゃん創作の可能性
最高にエロくてエモいものを

――ケンちゃんのリメイクとか作るつもりはないですか。

「ケンちゃんのリメイクしたいってのは何社かきたけど、全部お断りしてる。どうせ撮るんだったら気に入った女優で撮りたいから」

――どんな女優さんと撮りたいですか。

「セックスってのはとても素晴らしいよっていうね。この快感を得られないあなたたちは馬鹿なんじゃないの？　ていうくらいの気概のある女優。そういう子たちとは、もっと明るい令和のケンちゃんを撮りたいなって思うね」

――最近のＡＶ女優さんはいかがでしょうか。

「最近のは全然詳しくないんだけど、イイ女がいないっていうのはよく耳にするよね。今でもいい子は絶対いると思うよ。ただいい子をちゃんと教育して一緒に作り上げていくっていう制作サイドの意識がちょっと薄くなってきてるんじゃないかなって。ＡＶ女優のアイドルグループを育成するのもありだと思うし、セックスできるアイドルとかさ（笑）。

馬鹿なことはみんなで馬鹿になってやろうよっていうさ。それでなおかつお金になればいいじゃない。はじめはお金にならないかもしれないけど、認知されるところまで持ってったらお金って自然に流れてくんだよ。『ワンステップフェスティバル』を裕也さんとやった時だって最初ノーギャラなんだもん。そのゼロで始まったところにオノ・ヨーコはくるは、ひょっとしたら**ポール・マッカートニー**※が出演するかもとかさ、そこまで行ったんだから」

——『全裸監督』みたいに藤井監督が主人公の『洗濯屋ケンちゃん』制作秘話を映画化させたいです。今のAV女優さんやそれこそ今回の本にご登場いただいたレジェンド女優さんにもご協力いただいて。

「それは嬉しい。やるなら早くやりたいね。俺もうね、はっきり言って来年死ぬから」

——いやいや、そんなまだまだ。

「俺コロッと逝く感じがあるの。心臓の手術もしてるしさ。最近、目も悪くなったからサングラスかけてると正直言って全然見えないのよ。右目は失明してるから。でその見えてるほうの目が最近悪くなってるからもうほんとヤバイなっていう。でもね、アイデアはいくらでもあるよ。いまコロナ禍だから、肌に一切触れずにイかせるとかさ（笑）」

——『恐怖のワニ人間』的な（笑）

※**ポール・マッカートニー**
1942年生まれのイギリスの歌手。言わずと知れた「ビートルズ」の中心メンバーで、『ヘイ・ジュード』や『イエスタデイ』などを作曲。「ワンステップフェスティバル」が行われた頃は、すでに「ビートルズ」は解散しており、妻のリンダらと「ウィングス」として活動。1980年にはその「ウィングス」として来日。初の日本ツアーを行う予定だったが、成田空港の税関で大麻を不法所持していることが発覚。ポールはイギリスに強制送還され、ツアーはすべて中止になった。

「そうそう（笑）。で、ネット番組とかでさ、天気予報も晴れの時は**女優が全裸**※で（笑）。ヌードで出てきたら今日は晴れるんだ！　っていうそれくらいの番組があってもいいじゃない」

――全裸はさすがにまずい気もします（笑）。

「すべてね、セックスも人生も楽しくなくちゃいけない。やっぱり楽しく生きて、パーッと散りたいね。セックスっていうのを馬鹿にしたりとかセックスを汚いものと考えるっていうのは俺は絶対違うなって思ってるんで。すごくエロティックなことが好きだって人と会って話しても、エロティックじゃないんだもん。単なるさ、スケベなんだもん。俺は違うんだよと。やっぱり身に起こる嫌なことを吹き飛ばすぐらい最高にエロくてエモいものを作んないと」

藤井監督は裏ビデオのイメージが強いが、１００本を超える通常のアダルトビデオのほか、Ｖシネマなどストーリー性が高い作品を数多く手掛けてきた。

昔のアダルトビデオは、たしかに暗い印象のある作品も多かった。中には借金まみれの女性が騙されて出演させられているのではないか、と思うような作品もある。おそらくそうした暗いイメージが漂っていたのは、根底に他人の前で裸になることの後ろめたさも

※女優が全裸
定期的な番組ではないが、フランスでは美人気象予報士が全裸で天気予報をしたことがある。２０１４年のサッカー・ブラジルＷカップの欧州予選。フランスは最終戦を前に苦戦していた。気象予報士のドリア・ティリエは「フランスが勝ってＷ杯出場権を得たら脱ぐ！」と公言。フランスは見事に勝利し、Ｗ杯出場権を獲得したため、ティリエは有料チャンネルで全裸（ただしかなり遠くから撮影した映像で細かいところはほとんど見えず）になり天気予報をした。

あったのではないかと推測される。

しかし、藤井監督は80年代から作品を通し、一貫して「セックスというのは楽しいものである」というメッセージを発信し続けてきた。男尊女卑の昭和的な考えを否定し、性にフラットな姿勢は、当時一般的には受け入れられなかったのかもしれないが、ジョン・レノンや内田裕也などの大御所のアーティストからは「ちょっと変わった面白いやつ」という風にかわいがられたのかもしれない。

来年（2022年）は『洗濯屋ケンちゃん』が流出してから丸40年。ぜひ監督には『令和のケンちゃん』を監督していただき、また歴史に残る伝説的な作品を作っていただきたい。今度は、劇場で流せるやつで。

colum 04 「エロ」が時代を作る

アダルトビデオの歴史は記録メディアの歴史とともにある。

1981年にAVが誕生した当時、市場で繰り広げられていたのが、VHSとベータマックスの〝家庭用ビデオの規格争い〟だった。国内の電機メーカーはどちらかの陣営に入ったため、文字通り世間を二分する戦いが行われた。規格の争いなので、当然、数多く普及した方が勝つ。そこでVHS普及の秘密兵器として使われたのが、『洗濯屋ケンちゃん』をはじめとする〝裏ビデオ〟だったとも言われている。この規格競争に勝ったVHSは日本で初めての世界標準になった。海の向こうでも、ポルノを見るためにVHSのビデオを買うようになったのだ。

余談だが、筆者は学生時代にレンタルビデオ店でアルバイトをしていたことがある。当時はまだVHSの全盛期。ビデオテープは巻き戻して返却するのがルールだったが、ルールを守ってくれない客もいた。ビデオが止まっている位置は、フィニッシュしたシーンなのだろうか。客が借りたテープを巻き戻しするのは他人のオナニーの後始末をさせられているようでなんだかイヤだったが、VHSもいまや貴重品。ある意味、貴重な経験か。

本書にもご登場いただいた小室友里さんが世界に先駆けてDVDでアダルト作品を発売したのは、1996年の暮れのこと。その頃から徐々にレンタルショップではVHSからDVDへの移行が始まった。

そして2000年頃からは、本格的なDVDの時代が到来。VHSはその役割を終えた。

その後、インターネットが普及し始めるが、普及の背景、根底にあるのはエロへの探求心ではなかろうか。

いつの時代もエロが世の中を牛耳っている。筆者は地デジ化の時にテレビを捨ててしまったが、もし現在もテレビという道具を通してでしかアダルトな映像が見れないのであれば、間違いなくテレビを所有し続けていたことだろう。

かつてはテレビのブラウン管で見ていたアダルト映像も、いまや片手に収まる。

AV女優で風俗嬢の当真ゆきさんいわく、テレビ画面でAVを見ていた時代はソファや椅子に座ってオナニーをしていたのが、携帯で見るようになってベッドや床にうつぶせになってこする「床オナニー」をする若者が増えているらしい。媒体が変われば、一人エッチのやり方が変わるというのは興味深い。

エロを見せる道具が進化するのと同じく、人間の性行動もまた進歩しているということだろうか。

特別寄稿

森下くるみ

まずは読者の皆様方に平身低頭で謝りたい。

ここには、「森下くるみのＡＶデビューのきっかけ」「トップを取ってそこで見えた景色」「周りの人の反応」といったことは書かれていない。

今回のご依頼に対し、「近年、心境の変化があり、もう昔を懐かしむようなことは書けません」と申し入れた時点で、なるほどそうですか、残念ですがまた機会があったら宜しくお願いします、と返信がきて終わると思っていた。しかし寺井さんが「全く問題ございません」とおっしゃるので、それならば……と気を取り直し、あまり気負わずに正直に書いてみようと思うのである（こんな素っ気ないものは読まれないかもしれないが）。

デビューのきっかけなどは詰まらないので端折りたい。なにしろ細々と活動していたので、トップを取ったというような実感は薄いし、わたしが好んだ景色は、高くてもせいぜい地上三階くらいのものだ。一般的な生活から離れてしまいそうな場所は居心地が悪かった。現在の心境については後述するとして――

わたしは十八歳になったばかりの一九九八年にデビューし、専属女優として二つのメーカーで活動した。

デビューしてから一、二年の間は己の世間知らずが功を奏してか、目の前の仕事に夢中でいられた。人生においての爆走期である。

■ Profile
1998年、AV女優としてデビュー。インディーズメーカー2社で専属女優を務めた。2008年に発売した作品を最後に事実上の引退。業界から離れてからはフリーライターなどを経て現在に至る。
主な著書に『すべては「裸になる」から始まって』(電子書籍は現在販売停止)、『36書く女×撮る男』、『虫食いの家（うち）』(Kindle Single)など。
季刊誌『東京荒野』で、子の在る風景を綴る「ちったい、にゅうにゅう」を連載中。

出演作の企画内容がマンネリ化し始めたデビュー四年目あたりから、わたしの気力、体力、情熱が少しずつ下がり始め、撮影現場を離れた二〇〇七年の終わり頃にはモチベーションは消滅、〝現場での労働〟を続ける意味を失った。

わたしの場合、四年目には出演作が三十本を超えていたし、台本に沿った演出がされるとはいえ、ハードな現場（過酷なプレイばかりしていたわけではなく、ドラマ物で膨大なセリフを覚えなければいけないとか、撮影の終了が深夜になるとか、色々な意味が含まれる）ばかりで、今思えば、約十年も活動せずに、四年とか五年とか、極太・短めの女優人生でも良かったのかもしれない。撮影した素材が「アダルトビデオ」というひとつの商品になり、値段がついて売買されたあと、また新作を撮影してプロモーションをする。性産業における「消費」のスピードについていくのは二〇〇〇年代においても大変なことだった。

いつかの打ち合わせの時である。当時の事務所の一室で、机を挟んで真向かいに座る監督に、「次の撮影だけど、何を撮ろうかねぇ」などと聞かれて一瞬黙ってしまう、そんなことがあった。ネタ切れという言葉が冷めた頭に浮かんだ。何撮ろうかねぇと言われて、何を撮りましょうかねぇとぼやけた返事をしたような気がする。

わたしの方から、「次はこういうプレイをメインに撮りましょうよ」と提案したことはない。いつも監督陣のイメージするものに准じた。自発性を発揮して企画内容に口出ししたとしても、タイトルまで自分が決められるわけではないし、ＤＶＤの売り上げがどれだけ良くても出演料に変化はない。ロイヤリティ契約などとも無縁だ。

女優の仕事を辞めたいと思っていた時期にも「辞めたあとはどうするのか」「森下くるみとしての活動は、ＡＶ女優という肩書きがあるからこそ与えられているのではないか」「彼氏に入れ知恵されたのか」と、身内ともいえる監督にあれこれと要らぬ心配をされた。

長い間お仕事をもらっていた義理と、一刻も早く引退を決めたいという自我。ちょっとだけ葛藤したものの、タレント志望ではないので肩書きはどうでもいいし、辞めた後のことは辞めてから考えたらいい。とにかく気持ちがついていかないほど心身共に疲労していたので、辞める以外の選択はなかった。

が、正直なところ引退作だけは撮りたくない。「ＡＶ女優としての集大成」「有終の美」「泣いても笑ってもこれがラスト」「応援してくれてありがとう」と飾りがつき、忍耐の限界を超えなくては成しえない、過酷なプレイが大盛りの内容になることが予想されたからだ。

「これは○万本売れた」と関係者に喜ばれても、わたしにとっては悲惨な現場の記憶の残る作品で、「あれだけ神経削って、体も酷使すれば……」と胸の内で皮肉をつぶやいたこともある。引退作ともなると、過去に売り上げの良かったものを内容に盛り込むだろうから、性のサンドバックになる自分を想像して恐怖した。

　それからしばらくの間は、「引退作を撮る力がどこからも湧いてこないんです」と半ば拒んでいた。もともと引退作を撮るのに義務などないのだが、業界関係者もファンの人々も、長々活動していた女優がいつの間にかいなくなってモヤモヤが残るより、「今までありがとう、みんなのお蔭です」というような幕引きを見てすっきりしたいだろう。ただ、頭では理解していても、結局、現場に立ちたくない気持ちが溢れて泣きそうになるだけだった。

　それからまた少し経って、過去作を再編集した引退記念のＤＶＤボックスが発売されることになった。配慮される形になったのである。不義理に思われるかもしれないけれど、あと一本でも多く撮影していたら体は壊れ、心も折れ、ＡＶ業界にいたことを悔いることになったと、たらればを語るのは嫌いだがそう思う。


　あれから途方もなく時が経ち、昔のように国道沿いの大型店舗や、繁華街にある販売店に足を運ばなくとも、ＡＶはネットを使えばものの数分で購入できるようになった。購入後の帰り道、期待に胸を膨らませる時間も少なくなっただろう。

　わたしのデビューした時代でＶＨＳがＤＶＤになり、ＤＶＤがインターネット配信になった。引退後は、有名・無名、素人と様々なアダルト動画が、曖昧に、雑に、漫然とネット上に陳列されている。嫌なことを言うけれど、Google 検索で違法アップロードサイトなどいくらでも探せるので、買わなくても済む。個人情報を奪われるリスクを恐れなければ無料でも視聴可能というわけだ。ついでに誰のものかもわからない無修正動画や画像も簡単に見つかる。

昔々、うっかりわたしは「AVはファンタジー」だと発言したことがある。誰しもが、「AV（非現実）」と「実生活（現実）」の区別くらいつくと思ったからだ。

しかし現在、「生中○し」がごく普通にジャンル化され、それが秒単位でネット検索できるため、特に未成年などは、虚構に対して明確な線引きができるのか疑わしい。AVは「ファンタジー」ではなく、せいぜいが「フィクション」だ。無修正、AVという単語で画像検索をしてみれば、ファンタジーなど誤魔化しだろうとの思いが、より一層強くなる。

今はただ、自分の過去の発言を恥じるしかない。

インターネット時代が進みSNS時代になっても未だ、「業界に対する偏見をなくす」と意気込む現役女優がいる。

ファンタジー発言と同様、気合いと自意識だけは人の何倍もあった二十数年前のわたしも同じような言動をしたが（AV業界へのバッシングをダイレクトに受けるのは女優なので、あらゆる策で自衛しなければいけなかった）、元号は変わったし、偏見がどうの、AV女優である前にひとりの女の子だなどとわざわざ発言しなくてもいい。その使命感は業界の権力層の食い物になる。アダルト業界への偏見問題は、販元であるＡＶメーカーや所属事務所にやっていただくのがいい。女優の役割りではないと思う。

ついでに。

ひとつの作品が夢や希望を感じるレベルになるかどうかは、女優含めた出演者の頑張りも大事だが、作品を企画・演出する側にも責任がある。全ての関係者は未来永劫、自問自答してほしい。


さて——

かつてわたしの仕事は、演出された性行為をカメラの前で行うことだった（もちろん性行為だけが仕事ではないのをわかって書いている）。

現在はごくありきたりに週五日、一日六時間くらいの勤務をしている。

コロナ禍の影響というやつなのか、業務は山と積まれ、ここ数か月は過集中気味だ。今週は新規採用の方々に仕事を教えたりもした。彼女らはわたしの何倍も仕事ができるに違いない。

日日平穏である。昔のことなど思い出す隙がないほど、毎日の生活には新しい物事が満ちている。

仕事以外で会う機会がなかった監督の私生活は未だ謎だらけなのだけども、マネージャーを含む身近なスタッフらとはしょっちゅう夜中まで一緒に飲んでいた。しばしば朝にもなった。何年経とうとも、あの時、あの場所のことだけは覚えていたいと思う。結局、仕事以外のことが後になって輝きだすのだ。

アダルト女優だった経験を後悔したり、恥だとは思わないが、誇りにも思わない。ただ今と明日以降のことに思いを向けている。何にもとらわれず（というのは相当難しいので、ただの理想）いつでもフラットな状態ではある。その一見して冷たいバランス感覚は、森下くるみという活動を通して美しく実ったものだと思いたい。

その栄養分が〝今〟に上手く活用されているなら、たとえわたしが以前より慎重な生き方をしていて、人と仲良くなるのに少しだけ時間がかかっているとしても、幸いなことだ。

若い時に触れた良心の数々が、これからもわたしの人生を潤し、巡回するだろう。

この経験は一般化することができない。これは元AV女優という、アダルト業界経験者のたったひとつのケースに過ぎず、美化するのは禁物だ。同じ経験者でも死にたいほど激しく後悔している人もいるし、あの頃が一番楽しかったと回顧する人もいる。ひとりひとりの事情は違うのだ。

わたしは自分の人生が好きだけれど、もう一度やるのは絶対に嫌だ。無論、AV女優になることも他人には決してすすめない。若い方は、アダルト業界に対して過剰な期待をしないように。

裸になる覚悟？

別にしなくていいよ。九十年代後半にデビューした超のつく元女優からの切なるお願いです。

おわりに

ＡＶ監督でもＡＶ専門ライターでもない、単なる1ファンである私のインタビュー本というのが本書の特徴のひとつだと思う。憧れの大女優さんに会うのでめちゃくちゃ緊張した、というのが率直な感想だ。

とはいえ、彼女たちが全盛期で活躍していた時から四半世紀経っている。私にとって青春の1ページであり自分の中に作り上げられた憧れのイメージがもし崩れたら、と会いたくない気持ちもどこかにあったし、一方で同級生や当時の自分に何だか自慢したくなる気持ちとで形容しがたい複雑な思いでお会いした。学生時代から目にしていたので自分よりもだいぶ年上の大人の女性のイメージがあったが、実際には私と同年代かほんの少し上くらいの世代で驚いた。

今回インタビューさせていただいた方々はバブルの真っただ中、あるいはバブルの名残が残っていた時代のＶＨＳを通してお世話になった方たちだ。

レンタルビデオ店でＡＶを借りる時に可愛い女性店員さんがいるレジに並ぶのはどうしても抵抗があって、『マディソン郡の橋』や『ゴッドファーザー』の間にさりげなく挟んで借りるなどしていたが、今思うとＡＶを観ることへの後ろめたさや気恥ずかしさもＡＶ特有の魅力だったように思う。当時はサンプル動画などは無かったので、パッケージだけで推測して判断するしかなかった。この男優さんなのできっとこういうプレイがあるのだろうとか、仰々しいタイトルのおどろおどろしいパッケージであればきっととんでもなくエロいものなんじゃないかと妄想が膨らみ、胸が高鳴ったものだ。

当時は今よりも画質が悪く、その影響もあるのかどこか作品全体にほの暗い雰囲気が漂っていた。最近のＡＶよりも昔の方が興奮したのは、借金を抱えているとか男に騙されて仕方なくやっているなど、後ろ暗い事情をどこかに感じていたせいかもしれない。今になって思うとＡＶ女優に対するある意味「蔑み」の意識が自分の中に潜んでいたのだろう。蔑むという行為はきっと「興奮」をかき立てる重要な要素なのだと思う。

しかし、時が流れた今、こうしてレジェンドな方々と対面して話を聞かせていただくと、高い美意識を持ち、自己肯定感が強く聡明で、プライドを持ってお仕事をされていたことを知り、改めて惚れ直してしまった。仕事に対する意識や素顔を知れば知るほど、「リスペクトし過ぎて欲情できない自分」という思わぬ収穫（？）を得てしまったのだ。賢者タイムがしばらく続いてしまうこの感じ。

現在もＡＶ女優として第一線で活動を続ける人、お店を経営する人、ＡＶ女優としてのキャリア・知名度を生かして別の世界で活躍する人、ＡＶ業界に近づくなという考えの方まで様々ではあるが、やはりレジェンドは色褪せない。

近年ではセクシー女優と呼ばれ、普通の女優やアイドルとの垣根もすっかりなくなりつつあるが、私はＡＶ女優という存在はどこまでも特別な存在であって欲しい。ＡＶ女優は虚構に生きてこそＡＶ女優なのだから。

私が文筆家と名乗って活動をしているのは、実は森下くるみさんのご著書を読んで森下さんみたいに読者の心に刺さる文章を書いてみたいと思ったことがきっかけだ。今回、まさかご本人にご寄稿いただけるなんて夢のような話である。本当にありがとうございます。

本書上梓にあたりご協力いただいたレジェンド女優の皆様、監督、プロダクション関係の方々、ご尽力いただいた編集担当の権田一馬さんに心より感謝申し上げます。

２０２１年10月　寺井広樹

【カバーモデル】

美谷朱里（みたに・あかり）

2017年に『絶対美少女 ねっとりキス好きな爽やか女子大生デビュー』（キャンディ）でデビュー。1年で100本もの作品に出演し、AV業界における数々の賞を受賞した、2010年代後半を代表する人気女優。2021年現在も、業界初のUltra HD Blu-ray規格のソフトを発売するなど、メーカー専属女優として活躍している。

著者紹介

寺井広樹（てらい・ひろき）

文筆家。1980年、神戸市生まれ。『副業AV女優』（彩図社）、『AV女優の家族』（光文社新書）をはじめとするAV女優のリアルに迫る書籍のほか、超常現象やオカルトの研究をライフワークに『オカルト怪異事典』（笠間書院）、『辛酸なめ子と寺井広樹の「あの世の歩き方」』（マキノ出版）、絵本『ようかい　でるでるばあ‼』（絵：日野日出志、彩図社）など六十冊の著書を持つ。

撮影：
高澤梨緒（カバー・本扉写真、小室友里、松本まりな、沙羅樹、瞳リョウ、矢沢ようこ）
寺井広樹（夕樹舞子、藤井智憲）
金子山（森下くるみ）

伝説のＡＶ女優 ～黄金時代を築いた女神たち～

2021年11月24日　第1刷

著　者　寺井広樹

発行人　山田有司

発行所　株式会社　彩図社
東京都豊島区南大塚3-24-4
ＭＴビル　〒170-0005
TEL：03-5985-8213　FAX：03-5985-8224

印刷所　シナノ印刷株式会社

URL https://www.saiz.co.jp　Twitter https://twitter.com/saiz_sha

ISBN978-4-8013-0559-5 C0095